Helene Lange

Schillers philosophische Gedichte

Eine Einführung in ihre Grundgedanken

Helene Lange

Schillers philosophische Gedichte

Eine Einführung in ihre Grundgedanken

ISBN/EAN: 9783955630645

Auflage: 1

Erscheinungsjahr: 2013

Erscheinungsort: Bremen, Deutschland

@ Leseklassiker in Access Verlag GmbH, Fahrenheitstr. 1, 28359 Bremen.

Leseklassiker

Helene Lange

Schillers
philosophische Gedichte

Eine Einführung in ihre Grundgedanken

Zweite durchgearbeitete Auflage

Berlin, 1905
L. Oehmigke's Verlag
(R. Appelius)
Zimmerstraße 94

Vorwort zur zweiten Auflage.

Es sind achtzehn Jahre verflossen, seit die erste Auflage dieses Bändchens erschien. Das ist ein Zeitraum, der im modernen Leben schon an und für sich einen Wechsel der Anschauungen, der künstlerischen und ethischen Stimmung, der ganzen Weltauffassung bedeutet. Und von diesem Wandel scheint das, was Schiller unserm Geistesleben einst gegeben hat, besonders stark betroffen zu sein. Von dem Jubel, in dem am hundertjährigen Geburtstag Schillers das deutsche Volk dem Gefühl innigster Zusammengehörigkeit mit ihm Ausdruck gab, wird der hundertjährige Todestag wenig vernehmen. Und dennoch ist für die Weltanschauung des Dichters die Gegenwart vielleicht empfänglicher, als man es vor einem Jahrzehnt war. Versunkene Glocken fangen wieder an zu klingen. Nach einem Leben in Niederungen ist das Bedürfnis nach einer Anschauung des Lebens aus der Höhe der Idee wieder unabweisbarer geworden, ein Bedürfnis, das gerade Schillers inneren Werdegang unter sein Gesetz zwang und das er wie kein anderer seiner Zeitgenossen zu wecken und zu erlösen verstand. So mag der Versuch, gerade in diese Seite seiner Gedankenwelt einzuführen, noch einmal eine kleine Gemeinde finden. Wenn sie die Mühe nicht scheut,

manche Äußerungsformen einer vergangenen Epoche umzu=
prägen, so dürfte der Inhalt der Geisteskämpfe, die in Schillers
Gedankendichtung Ausdruck fanden, ihr noch manche Antwort
auf Weltanschauungsfragen der Gegenwart zu geben haben.

Diese Einführung in Schillers philosophische Dichtung
verfolgt keinerlei philologische Absichten. Sie will nur in an=
spruchslosester Form dem Dichter auf seinem Entwicklungs=
gange nachgehen und seine Gedankenwelt zugänglich zu machen
suchen. Die einfache Interpretation ist ausschließlicher Zweck.
Die Kritik hat nur da sparsam eingesetzt, wo dem Zeitbewußt=
sein Genüge getan werden mußte, wie denn auch die
Änderungen gegen die erste Auflage zum großen Teil unter
diesem Gesichtspunkt aufzufassen sind. So wendet sich dies
Buch im eigentlichsten Sinn an den Laien. Es will ihm
das Eindringen in eine Welt erleichtern, in der manches
„in wesenlosem Scheine" liegt, was in der Alltagswelt den
Sinn benimmt und den Ausblick in die Ferne hemmt.

Grunewald=Berlin, im September 1904.

Helene Lange.

Inhalt.

I.

Die philosophische Dichtung Schillers ist lange Zeit ein ganz besonderer Stolz unserer Literatur gewesen. Heute möchte man der Gedankendichtung überhaupt die Berechtigung bestreiten. Nach dem ästhetischen Empfinden der Modernen darf ein Gedicht keine intellektuellen Aufgaben stellen, und es gehört fast zum guten Ton, über Schiller als Lyriker zu lächeln. Und doch ist die Reflexionspoesie, deren Tage man für gezählt hält, urdeutsche Eigenart und wird sich auch durch die literarische Gegenströmung unserer Zeit nicht aus dem tiefgehöhlten Bette drängen lassen. Es liegt eine gewisse Einseitigkeit darin, das Ringen der Erkenntnis um eine Weltanschauung aus der Sphäre des Dichterischen zu verbannen. Als ob nicht dieses Ringen dieselbe tief ergreifende, aufwühlende Kraft haben könnte, wie irgend ein anderes Erlebnis, jene Kraft, die zur dichterischen Gestaltung drängt. Für Schiller hatte es diese Kraft. Und ihm ist es gelungen, dem, was er als Denker durchgerungen hat, einen reinen und zwingenden dichterischen Ausdruck zu geben. Das Eigenartige seiner philosophierenden Gedichte ist, daß er, der oft klagt, wie ihm bei der Darstellung des wirklichen Lebens die sichere Sinnlichkeit abgehe, die Goethe besitzt, hier in der Welt des schönen Scheins sich mit einer Sicherheit bewegt, die uns zeigt, daß er völlig Heimatsrecht hat. „Weil er von der Wirklichkeit eingeengt wurde," sagt Charlotte Schiller, „ging die Kraft seines Wesens ganz in seine Phantasie über."[1) Nirgends ist er abstrakt, überall führt er uns lebendige Gestalten vor Augen, wenn auch von der ätherischen Zartheit, wie sie jenen hohen Regionen angemessen ist. Aber diese Gestalten leben, sie bewegen sich, sie reden eine Sprache, die uns hinreißt. Wir haben hier die seltsame Erscheinung eines Lyrikers, der abstrakt wird, wo er die Sinnenwelt schildern soll — man denke an die Laura= lieder! — und anschaulich, wo es sich um Abstraktionen handelt. Tief unter ihm und uns liegt die Angst des Irdischen, und auf den Höhen, auf die er uns führt, duften die Blumen und rauschen die Bäume und glühen Früchte zwischen dunklem Laub, und wir wandeln dazwischen und freuen uns am schönen Schein, ohne die Qualen der Begierde zu erleiden, die auch im Genusse nicht verstummt. Er selbst ist der Herkules, dem Zeus zugestehen muß, als er dort oben die Schale geleert:

> Nicht aus meinem Nektar hast du dir Gottheit getrunken;
> Deine Götterkraft war's, die dir den Nektar errang.

Ein Ringen um diesen Nektar ist seine ganze dichterische Entwicklung gewesen. Das Maß, das Schönheitsgefühl, das Goethe intuitiv leitete, mußte Schiller sich erst mühsam er= arbeiten. Es lag nicht in seiner Natur; ihre ersten dichterischen Äußerungen sind gigantischer, zum Teil grotesker Art. Aber das bestimmende Element seiner Weltanschauung war schon damals dasselbe, das Goethe durch die Worte kennzeichnet:

> . . . hinter ihm in wesenlosem Scheine
> Lag, was uns alle bändigt, das Gemeine.

Die Rohheiten und Geschmacklosigkeiten der Schillerschen Jugendwerke, die wilden, leidenschaftlichen Ausbrüche, was sind sie denn anders, als ein Protest gegen das Gemeine, das ewig Gestrige; was anders, als der leidenschaftliche Schmerzens= schrei nach Erlösung von alle den Schranken, die stumpfe Ge= wohnheit auf dem Wege der lebendigen geistigen Entwicklung

---

[1)] Charlotte von Schiller und ihre Freunde, Bd. I., S. 116.

aufgerichtet hat. Ein dunkler Idealismus gestaltet schon Schillers Jugenddramen; aber der begeisterte Schüler Rousseaus glaubt sein höchstes Ideal erst nach der Zertrümmerung der ganzen gegenwärtigen Kultur erreichen zu können. Langsam kommt dann der Dichter zur Selbstbesinnung. Im Körnerschen Familienkreise lernt er zum erstenmal nach der unerträglichen Einschränkung seiner Jugendzeit und der Ungebundenheit der Mannheimer Jahre die Freuden freiwilliger Selbstbeschränkung um anderer willen verstehen; das Studium des Lebens und der Geschichte lehrt ihn das Vernunftgemäße auch in den gesellschaftlichen Einrichtungen und in der geschichtlichen Entwicklung erkennen und führt ihn zu der Überzeugung, daß sich auch auf Grund des Bestehenden sein Zukunftsideal verwirklichen lasse. Im Don Carlos steht er zum erstenmal auf diesem Boden. Nicht des Umsturzes alles Bestehenden bedarf es, nicht der Zügellosigkeit, die er bisher mit der Freiheit verwechselt hat, nicht der Vernichtung aller sozialen Einrichtungen und Schranken: nur der Gedankenfreiheit, um die Menschheit ihrer idealen Bestimmung entgegen zu führen. In ernster Arbeit, in angespanntem geistigen Ringen hat der Dichter dieses Ergebnis gefunden. — Dann erblüht ihm sein Liebesfrühling in Rudolstadt, und der Verkehr mit edlen, feingebildeten Frauen macht alles, was noch krankhaft und exzentrisch in seinem Empfinden ist, gesund. Vergebens sucht er den Entwurf zum „Menschenfeind" wieder hervor; die feindselige Abkehr von der bestehenden Welt ist überwunden. Und da greift er zu rechter Zeit zum Studium der Alten, zu dem Wieland ihn schon lange angeregt hat; in den Griechen sieht er von jetzt ab das höchste Menschheitsideal. Am Teetisch zu Rudolstadt, an dem man bis dahin emsig populär-philosophische oder historische Fragen diskutiert hat, wird nun der Homer gelesen, und so völlig ergreift den kleinen Kreis die Gewalt der neuen Eindrücke, daß in den zahlreichen, zwischen Rudolstadt und Volkstädt hin- und herlaufenden Billets homerische geflügelte Worte eine Hauptrolle spielen. Lotte hofft, als Schiller einmal Zahnweh gehabt, daß er ruhig geschlummert habe, „als die dämmernde Frühe mit Rosenfingern emporstieg,"[1] und Schiller erkundigt sich seinerseits nach Karoline: „Klappert der Pantoffel schon um ihre zierlichen Füße, oder liegt sie noch im weichen, schöngeglätteten Bette?"[2] Nach dem Homer kommen die griechischen Tragiker an die Reihe, und diese Lektüre der Alten vollendet die Umwälzung in des Dichters Anschauungsweise. Er ist von ihrer gesättigten Schönheit, von dem edlen Maß, das ihn aus jeder Zeile anspricht, so in tiefster Seele berührt, daß er den Vorsatz faßt, in den nächsten Jahren nur die Alten zu lesen. „Ich bedarf ihrer im höchsten Grade," schreibt er an Körner, „um meinen eigenen Geschmack zu reinigen, der sich durch Spitzfindigkeit, Künstlichkeit und Witzelei sehr von der wahren Simplizität zu entfernen anfing."[3] Er empfindet, daß ihm diese Lektüre etwas gibt, was er nie in sich hätte finden können. Er hat wohl den Zug zu edler, maßvoller Schönheit, aber sie ist nicht in ihm; sie steht außer ihm als eine Göttin, um die er wirbt, die er erringt, und die er uns in lebendiger Greifbarkeit zu schildern vermag, weil er sie eben als lebendig empfindet. Und weil die schöne Form ihm nicht, wie Goethe, ein Göttergeschenk ist, sondern ein Ideal, auf dessen reine Erkenntnis, auf dessen Verwirklichung er alle Kräfte seiner Seele richtet, dem er von allen Seiten seines Wesens nahe zu kommen bemüht ist, darum wird sie für ihn zugleich ein Lebensideal, darum fließt ihre ästhetische und ihre sittliche Bedeutung ihm in eins zusammen. Er hat dem künstlerischen Streben mehr zu danken als künstlerische Reife: die Gestaltung seiner Weltanschauung, die Veredlung seiner sittlichen Persönlichkeit.

[1] Schiller und Lotte. Cotta 1856. Seite 71.
[2] Ebend. Seite 73.
[3] Schillers Briefwechsel mit Körner, Leipzig 1874, Bd. I, S. 214. Brief vom 20. August 1788.

Aus dieser Erfahrung müssen wir uns das erste seiner philosophischen Gedichte, die Künstler, entstanden denken. In diesem ersten philosophischen Gedicht ist zugleich das Programm gegeben für alle andern; aus ihm fließen sie her. Der Kunst, der in ihr verkörperten Schönheit, verdankt der Mensch seine ganze jetzige Kultur; ihr wird er auch seine einstige Vollendung zu danken haben: das ist das Thema, das hier zum erstenmal angeschlagen wird, und dessen Akkorde in der ganzen späteren philosophischen Lyrik Schillers nachklingen. Mit den Künstlern haben wir es daher zuerst zu tun.

Die innere Veranlassung zu dem Gedicht ist somit gegeben; die nächste äußere war wohl die Aufnahme, welche die im Frühjahr 1788 erschienenen Götter Griechenlands gefunden hatten. Das Gedicht war vielfach in der plattesten Weise mißverstanden worden. In heißer Sehnsucht nach einer poetischen Betrachtung der Dinge, die der kalte Rationalismus jener Tage nicht kannte, beschwört der Dichter das Land der alten Hellenen herauf und läßt uns ein Dasein ahnen, in dem alles durchgeistigt, vom göttlichen Hauche beseelt erscheint. Die anhaltende Beschäftigung mit den Alten läßt ihn das bunte mythologische Gewand wählen für Ideen, die er längst in den philosophischen Briefen niedergelegt hatte. Es sind dieselben Empfindungen, die hier den Julius ausrufen lassen:

> Stünd' im All der Schöpfung ich alleine,
> Seelen träumt' ich in die Felsensteine
> Und umarmend küßt' ich sie.
> Meine Klagen stöhnt' ich in die Lüfte,
> Freute mich, antworteten die Klüfte,
> Tor genug, der süßen Sympathie.

Wer erkennt diese Gedanken, die sich in rohester Form schon in dem geschmacklosesten aller Liebeslieder, dem Geheimnis der Reminiszenz finden, nicht wieder in den Worten:

An der Liebe Busen sie zu drücken,
Gab man höh'ren Adel der Natur,
Alles wies den eingeweihten Blicken,
Alles eines Gottes Spur.

Diese echt religiöse Sehnsucht nach einer Weltanschauung, bei der auch das Herz zu seinem Recht kommt, sucht in dem Gedicht einen Ausdruck; die vielgestaltige, bunte griechische Götterwelt ist nur Symbol einer solchen Vergöttlichung der toten Natur. Und weil er sie nur als Symbol faßt, verfährt der Dichter mit ihren Gestalten ebenso frei wie etwa Goethes Parzenlied. In beiden Gedichten ist die weitentlegene Weltanschauung, deren tiefere Charakterzüge das große Publikum nicht kontrollieren kann, den Dichtern nur ein bequemes Gewand für ihre eigenen Ideen gewesen; dem einen für die tiefempfundene Tragik des Menschenlebens, dem andern eben für den liebesseligen Pantheismus, der ihm die Theosophie des Julius in die Feder diktiert, und beide Dichter sind sich dieser Willkür völlig bewußt. Schiller spricht das seinem Freunde Körner gegenüber offen aus in Worten, die wenigstens für seine Produktionsweise volle Gültigkeit haben: „Der Dichter," sagt er in einem Briefe vom 25. Dezember 1788, „behandelt niemals das Wirkliche, sondern immer das Idealische oder das kunstmäßig Ausgewählte aus einem wirklichen Gegenstande," und weiterhin: „Die Götter der Griechen, die ich ins Licht stelle, sind nur die lieblichen Eigenschaften der griechischen Mythologie in eine Vorstellungsart zusammengefaßt."

Tiefere Naturen haben sich durch das bunte Gewand denn auch nicht am rechten Verständnis des Gedichts hindern lassen. So schreibt Friedrich Perthes einige dreißig Jahre später: „Es liegt etwas tief Ergreifendes für mich in Schillers Göttern Griechenlands; sie geben lebendig den Eindruck wieder, den die zu hölzernem Verstandesmechanismus und langweiligem Unglauben herabgesunkene Zeit auf ein tiefer angelegtes Gemüt macht. — Nur der kann Schiller verkennen, der die zornige Wehmut eines Menschen nicht ahnt, welchem Sehnsucht nach Hilfe die Brust erfüllt, die Kinderstube aber den Glauben des Christen nicht mit ins Leben gab; nur der kann vornehm gegen Schiller sich ereifern, der nicht weiß, wie dem zu Mut ist, der sich ausstreckt nach dem lebendigen Gott und nichts findet in seiner Zeit, als den kalten, in astronomischer Erhabenheit thronenden Götzen des Verstandes."

Unter den Zeitgenossen waren verhältnismäßig wenige, die den Dichter verstanden; das oberflächliche Urteil sprach sein Anathema auf Grund einzelner Ausdrücke, und Stolberg sprach aus dem Herzen vieler, wenn er in seinen „Gedanken über Herrn Schillers Gedicht: Die Götter Griechenlands" ausruft: „Ich möchte lieber der Gegenstand des allgemeinen Hohns sein, als ein solches Lied gemacht haben, wenn auch ein solches Lied mir den Ruhm des großen und lieben Homers zu geben vermöchte".[1]) Stolberg ist also seicht oder fanatisch genug, in dem Gedicht eine ernsthaft gemeinte Demonstration für die Vielgötterei zu sehen, und meint wirklich, den Monotheismus und besonders das Christentum gegen Schiller verteidigen zu müssen. Der Dichter, der in einem Brief an Goethe einmal ausdrücklich bekennt: „Ich finde in der christlichen Religion die Anlage zum Höchsten und Edelsten", dem das Christentum „in seiner reinen Form Darstellung schöner Sittlichkeit oder der Menschwerdung des Heiligen"[2]) ist, und dessen Angriffe sich immer nur gegen die widrigen Entstellungen dieses Edlen und Höchsten, besonders gegen den seichten Rationalismus gerichtet haben, hat auf den plumpen Ausfall Stolbergs keine direkte Antwort gehabt, obgleich Wieland ihm zuredete, „den platten Grafen Leopold für seine, selbst eines Dorfpfarrers im Lande Hadeln unwürdigen Querelen ein wenig heimzuschicken"; — als indirekte Antwort dürfen wir

---

¹) Braun, Schiller im Urteil der Zeitgenossen. Bd. I, S. 213.
²) Brief an Goethe vom 17. August 1795.

„die Künstler" betrachten. Da Stolbergs Angriffe die Berechtigung einer poetisch = künstlerischen Weltanschauung in
Frage gestellt haben, so legt der Dichter diese in den Künstlern
dar: die Mission des Künstlers ist ihm geradezu, die Menschheit durch die Schönheit zu erziehen, sie Gott selbst zuzuführen.

Ein Wort über die Behandlung, ehe wir an die Dichtung
selbst herantreten. Die Deutung der sprachlichen und stofflichen Einzelheiten kann nicht meine Aufgabe sein; ihr dienen
überdies Kommentare in Fülle. Was hingegen, wie mir scheint,
immer wieder einmal unternommen werden muß, und was
ich in bezug auf Schillers philosophische Dichtung versuchen
will, ist dies: in großen Zügen den Grundriß nachzuzeichnen,
den das fertig gewordene Gebäude bedeckt, so daß er dem
Beschauer nicht immer gleich klar entgegentritt; mit Hilfe der
Zeugnisse, die in den Briefen und Abhandlungen Schillers
vorliegen, in seine Gedankendichtung einzuführen und ihren
Gehalt für das Bewußtsein der Gegenwart fruchtbar zu machen.

Bei der Eigenart dieser Schillerschen Gedankendichtung
fehlt es nun der Sprache oft am treffenden, sozusagen technischen Ausdruck, so daß man wohl genötigt ist, wieder zu
einem Bilde zu greifen, um ein Bild zu erklären; es ist dies
oft das einzige Mittel, Empfindungen näher zu kommen, die
wohl nachgefühlt, aber nicht in drei Worten scharf definiert
werden können. Sie gleichen ungemünzten Goldbarren, deren
Annahme nur der unkundige Krämer verweigern könnte, da
ihm der Wert nicht in landesüblicher Münze geboten wird.
Und in landesübliche Münze umsetzen, in die ganz alltägliche
Prosa des gewöhnlichen Lebens darf auch der Erklärer solche
Stelle nicht, wenn er wirklich zum Dichter hinaufführen will.

In die Entstehung der „Künstler" gewährt uns der Briefwechsel zwischen Schiller und Körner interessante Einblicke.
Wir können uns an der Hand weniger Notizen ein klares
Bild machen von dem allmählichen Werden des Kunstwerks
in des Dichters Seele, von der ersten Konzeption, vom lang-

ſamen Ausreifen bis zur Vollendung. Wir ſehen, wie der
Dichter mit ſeinem Stoffe wächſt, wie die Ideen ſich vertiefen
und das urſprünglich leichter angelegte Gedicht immer geiſti-
geren Charakter gewinnt. Maleriſche Effekte, wie ſie die frühere
Eingangsſtrophe bot:

> Ein Regenſtrom aus Felſenriſſen,
> Er kommt mit Donners Ungeſtüm;
> Bergtrümmer folgen ſeinen Güſſen,
> Und Eichen ſtürzen unter ihm,

die jetzt bekanntlich „die Macht des Geſanges" einleitet, opfert
der Dichter willig dem tieferen Gehalt, den das Gedicht allmählich unter ſeiner Hand gewonnen, und der einen ein-
facheren, ruhig-epiſchen Anfang geeignet erſcheinen ließ.

Das Gedicht: „Die Künſtler" zerfällt in einen philo-
ſophiſchen und einen hiſtoriſchen Teil. Im erſteren führt
Schiller den Grundgedanken des ganzen Gedichts: daß die
Schönheit den Menſchen zur Wahrheit führe, in Bildern und
Vergleichen durch; im zweiten ſucht er eine Art von Beweis
dafür auf empiriſchem Wege zu liefern.

Er beginnt mit einer Anrede an die Menſchheit des achtzehnten Jahrhunderts:

> Wie ſchön, o Menſch, mit deinem Palmenzweige
> Stehſt du an des Jahrhunderts Neige
> In edler, ſtolzer Männlichkeit,
> Mit aufgeſchloßnem Sinn, mit Geiſtesfülle,
> Voll milden Ernſts, in tatenreicher Stille,
> Der reifſte Sohn der Zeit.
> Frei durch Vernunft, ſtark durch Geſetze,
> Durch Sanftmut groß und reich durch Schätze,
> Die lange Zeit dein Buſen dir verſchwieg,
> Herr der Natur, die deine Feſſeln liebet,
> Die deine Kraft in tauſend Kämpfen übet
> Und prangend unter dir aus der Verwild'rung ſtieg!

Wie lebhaft verſetzt uns dieſer Eingang in die Jahre
zurück, die unmittelbar der Revolution vorhergehen! Wie

groß erscheinen dem Sohn jener Zeit die Errungenschaften
des Jahrhunderts, wie nahe das höchste Ziel, das er kennt:
die vollendete Humanität. In Frankreich scheint eben die
Morgenröte der Freiheit emporzusteigen, die Natur ist be-
zwungen, die Vernunft herrscht, das Denken ist frei: und in
siegesgewissem Optimismus sieht der Weltbürger von 1789
einer glänzenden Zukunft entgegen! Wenige Jahre später,
und dies kulturfrohe Selbstbewußtsein ist geschwunden: die
französische Guillottine und der eiserne Tritt der Heere lassen
die Täuschung nicht mehr aufkommen, daß die Menschheit
ihrer Vollendung naht. Wie anders tritt uns das Zeitbewußt-
sein schon in Hermann und Dorothea entgegen! Hier die
Friedenspalme, dort das Schwert; hier vollendete Harmonie
des Lebens, dort nur der Wunsch, festzustehen in der allgemeinen Erschütterung; hier Musen und Grazien, dort der
Gott der Geschichte in Wolken und Feuer. Nur jetzt, nur in
diesen Jahren noch war ein Gedicht wie „die Künstler" möglich als der völlig angemessene Ausdruck der Zeitanschauungen.
Nie zuvor ist sich die Menschheit, die deutsche Menschheit
wenigstens, so ihres Adels bewußt gewesen wie in den 70er
und 80er Jahren des vorigen Jahrhunderts, weil vielleicht
nie zuvor ihre Interessen so durchaus geistiger Natur gewesen sind.

Aber sie vergesse nicht, so leitet der Dichter zu seinem
eigentlichen Gegenstand über, wem sie ihre glänzenden Siege
verdankt.

> Berauscht von dem errungenen Sieg,
> Verlerne nicht, die Hand zu preisen,
> Die an des Lebens ödem Strand
> Den weinenden verlassnen Waisen,
> Des wilden Zufalls Beute, fand,
> Die frühe schon der künft'gen Geisterwürde
> Dein junges Herz im stillen zugekehrt
> Und die befleckende Begierde
> Von deinem zarten Busen abgewehrt,

Die gütige, die deine Jugend
In hohen Pflichten spielend unterwies
Und das Geheimnis der erhabnen Tugend
In leichten Rätseln dich erraten ließ,
Die, reifer nur ihn wieder zu empfangen,
In fremde Arme ihren Liebling gab,
O falle nicht mit ausgeartetem Verlangen
Zu ihren niedern Dienerinnen ab!
Im Fleiß kann dich die Biene meistern,
In der Geschicklichkeit ein Wurm dein Lehrer sein,
Dein Wissen teilest du mit vorgezognen Geistern,
Die Kunst, o Mensch, hast du allein.

In einer flüchtigen Skizze wirft der Dichter hier den Gedanken des ganzen Gedichts hin. Der Mensch ist aus dem Reiche des reinen Geistes verstoßen in die Sinnenwelt, um dereinst geläutert und gereift in die ewige Heimat zurückzukehren. Aber er würde ohnmächtig dastehen vor der unerbittlichen Pflicht, deren Erfüllung ihm allein die verscherzte Geisterwürde wiedererringen kann, wenn die Kunst sich nicht seiner annähme. Sie lehrt ihn das Gute und Edle lieben, ehe er mit klarem Bewußtsein sittlich zu handeln vermag; sie warnt ihn vor Übermut und Vermessenheit, indem sie ihm das Schicksal des Tantalus schildert, des Ikarus, der zur Sonne fliegt, des Prometheus, der an den Felsen gefesselt wird. Sie stellt Herkules an den Scheideweg und läßt dem mutigen Überwinder durch Hebe den Nektar reichen; sie stellt die unausbleiblichen Folgen der bösen Tat als schreckliche Furien dar; sie zeigt den Tartarus dem Bösen, dem Guten Elysium. So führt — um das Bild zu verlassen — das ästhetische Gefühl im Menschen ihn zum Guten und Edlen, ehe er dem kategorischen Imperativ zu gehorchen vermag; dies Gefühl hat die Mythen geschaffen, die leichten Rätsel, aus denen „das Geheimnis der erhab'nen Tugend" erraten werden soll. Aber von solchen halb unbewußten Spielen der Einbildungskraft wie diese Mythen führt der Gang der Entwicklung den Menschen zur bewußten Kunstschöpfung. Aus dem ästhetisch beanlagten Menschen wird der Künstler. Dazu bedarf er der Technik, der theoretischen Kenntnisse, der jahrelangen mühevollen Arbeit; aber er vergesse nie, daß nicht die handwerksmäßig zu erlernende äußere Ausübung der Kunst, daß nicht die glänzende Technik, sondern die durch sie zum Ausdruck gebrachte Idee die Hauptsache ist; er verwechsle nicht die niederen Dienerinnen der Kunst, Fleiß und Geschicklichkeit, mit ihr selbst! Das Wesen der Kunst ist die Darstellung geistig-sittlicher Ideen in sinnlicher Gestalt. Nur der Mensch ist solcher Verkörperung der Ideen fähig; er allein bedarf ihrer aber auch, da das Abstrakte nur in anschaulicher Form wirklich bestimmend auf ihn wirkt. So bleibe er sich denn auch stets dieser eigentlichen Aufgabe der Kunst bewußt: das Göttliche zu verkörpern, nicht durch glänzende Technik zu blenden.

Der Dichter ergeht sich nun in freien Variationen über das gegebene Thema, ohne sich an eine Reihenfolge streng zu binden:

> Nur durch das Morgentor des Schönen
> Drangst du in der Erkenntnis Land.
> An höhern Glanz sich zu gewöhnen,
> Übt sich am Reize der Verstand.
> Was bei dem Saitenklang der Musen
> Mit süßem Beben dich durchdrang,
> Erzog die Kraft in deinem Busen,
> Die sich dereinst zum Weltgeist schwang.

> Was erst, nachdem Jahrtausende verflossen,
> Die alternde Vernunft erfand,
> Lag im Symbol des Schönen und des Großen,
> Voraus geoffenbart dem kindischen Verstand.
> Ihr holdes Bild hieß uns die Tugend lieben,
> Ein zarter Sinn hat vor dem Laster sich gesträubt,
> Eh' noch ein Solon das Gesetz geschrieben,
> Das matte Blüten langsam treibt.
> Eh' vor des Denkers Geist der kühne
> Begriff des ew'gen Raumes stand —
> Wer sah hinauf zur Sternenbühne,
> Der ihn nicht ahnend schon empfand?

Die, eine Glorie von Orionen
Ums Angesicht, in hehrer Majestät,
Nur angeschaut von reineren Dämonen,
Verzehrend über Sternen geht,
Geflohn auf ihrem Sonnenthrone,
Die furchtbar herrliche Urania —
Mit abgelegter Feuerkrone
Steht sie — als Schönheit vor uns da.
Der Anmut Gürtel umgewunden,
Wird sie zum Kind, daß Kinder sie verstehn;
Was wir als Schönheit hier empfunden,
Wird einst als Wahrheit uns entgegen gehn.

Der Gedanke, der uns hier in wunderbar schönen Bildern immer wieder nach allen Seiten hin deutlich gemacht wird, würde auf die Formel zu bringen sein: Die reine Wahrheit ist nicht für den Menschen; sie ist ihm nur zugänglich im Gewande der Schönheit; das Gefühl für das Schöne soll ihn für die Wahrheit erst reif machen. Es ist der Grundgedanke des Gedichts, und wir dürfen uns nicht damit begnügen, uns dem Zauber der Bilderpracht hinzugeben, die ihn umkleidet, uns von dem Schwung der Darstellung tragen zu lassen, sondern müssen uns einmal mit ihm abfinden, dem eigentlichen Gehalt dieser Bilder nachgehen.

Daß die reine Wahrheit für den Menschen nicht erkennbar ist, ist der nachkantischen Zeit ein geläufiges Denkgesetz. Unsere Erkenntnis ist an die Sinnesauffassung geknüpft; Raum, Zeit und Kausalverhältnis sind nicht wirklich, sondern nur uns eigentümliche Vorstellungsformen; das eigentliche Wesen der Dinge, das Übersinnliche, entzieht sich unserer Erkenntnis. Wie aber vermag es sich uns denn im Gewande der Schönheit zu offenbaren? Vielleicht ist es hier, wo wir uns mit Philosophie nicht zu beschäftigen haben, nicht unangebracht, der Sache durch eine Analogie näher zu kommen, und vielleicht ist dieser Lösungsversuch auch am geeignetsten, um der eigentümlich Schillerschen Vorstellungsart an dieser

Stelle gerecht zu werden. Die Wahrheit, die volle Erkennt=
nis des Wesens aller Dinge ist ihm eins mit der Erkenntnis
ihres geistigen Prinzips, ihres ewig fortwirkenden stofflosen
Elements, mit voller Gotteserkenntnis. Wie kann uns die
im Gewande der Schönheit zu teil werden? Versuchen wir
es also mit einem Vergleich.

In der Seele des Kindes lebt ohne Frage eine ganz
falsche Vorstellung vom Leben des Erwachsenen. Es sieht wie
in einen Zaubergarten hinein, in dem es auch einmal wandeln
wird und die jetzt noch verbotenen Früchte brechen, in dem
es sich selbst als den gefeierten Helden unzähliger Abenteuer
erblickt, die es mit allem Zauber seiner Phantasie umkleidet.
Dies Bild vom Leben des Erwachsenen, das sich nun freilich
je nach dem Alter verändert, immer aber lockt und glänzt,
übt einen unendlichen Reiz und eine entschiedene Wirkung auf
des Kindes Gemüt; sein Streben wird dadurch beeinflußt;
es arbeitet an sich, um das Ideal, das ihm vorschwebt, sei
es eine reine Phantasiegestalt oder eine edle dichterische
Schöpfung, sei es ein Mensch, den es sich verklärt, zu er=
reichen oder seiner würdig zu sein. Und wenn es dann er=
wachsen ist, so ist all der goldene Schimmer verflogen; das
Leben, das ihm eitel Genuß und Freude schien, ist ernste
Pflichterfüllung, und wenn es köstlich gewesen, so ist es Mühe
und Arbeit gewesen. Und doch, ist das Kind erwachsen, so
möchte es seinen Wirkungskreis nicht mit der strahlenden,
aber gehaltlosen Welt vertauschen, die seiner Kindesphantasie
so verlockend erschien; Mühe und Arbeit sind seine Freude,
und vielleicht gibt es kein höheres Glück als für eine Idee zu
leben. — Aber was ist denn die Begeisterung des Erwachsenen
für die Idee andres als das Gefühl, das die kleine Brust
des Kindes schwellte, wenn es vom Kampf mit Riesen und
Drachen träumte, wenn es einem Menschen nacheifern wollte,
den es sich zum Ideal umgeschaffen? Alles, was es damals
ahnte, ist ja wahr, in viel größerer und schönerer Weise wahr;

als es damals ahnen konnte: Riesen und Drachen soll es be=
kämpfen, nur andere als die der Märchenwelt, und die Kraft,
für Ideen jetzt einzutreten, hat es sich nur erworben an seinen
Idealen. Hätte ihm aber die Zukunft von vornherein ihr
wahres Gesicht gezeigt, so wäre es erschrocken zurückgewichen
vor dem, was man von ihm verlangte und was ihm keine
Sympathie abzugewinnen vermocht; grau und trostlos wären
ihm die Ideen erschienen, die an die Stelle seiner bunten,
lustigen Ideale treten sollten, und mutlos wäre es vor einer Zu=
kunft zurückgewichen, die jedes Reizes in seinen Augen entbehrte.

Und so, meine ich nun, geht es uns Erwachsenen auch.
Wie das Kind sich eine Zukunft voll Glanz und Schein träumt,
so auch wir. Weil wir fühlen, daß das geistig=sittliche Element
in uns eines ewigen Fortwirkens unter immer neuen Be=
dingungen fähig ist, fähig, „zur großen Geistersonne freudig
den Vollendungsgang zu wagen;" weil wir die Unzerstörbar=
keit des Guten, des Göttlichen in uns fühlen, so sind wir
auch einer ewigen Dauer sicher, eines zukünftigen Lebens, das
wir nun mit allem Schimmer des Irdischen umkleiden, ob
uns wohl die Vernunft sagen könnte, daß eine übersinnliche
Existenz solchen Schimmer nicht kennt. Aber wir vermögen
uns von irdischen Bildern und Vergleichen nicht loszulösen;
wir vermögen das Übersinnliche nur in sinnlicher Form zu
denken; wir meinen sehen, hören, fühlen zu müssen, obwohl
die Physik nicht müde wird uns zu sagen, daß die Welt an
sich weder dunkel noch hell, weder laut noch leise ist; daß kein
Ton ist, wo nicht ein Organ des Hörens, kein Licht und keine
Farben, wo nicht ein Organ des Sehens vorhanden. Uns
fröstelt bei dieser Vorstellung, und uns fröstelt noch viel mehr,
wenn wir versuchen, uns ein ganz abstraktes Jenseits zu ge=
stalten, in dem all die schöne, warme Menschlichkeit nicht sein
soll, in dem man sich die Hand nicht drücken, sich nicht ins
Auge sehen kann. Dies Jenseits kann keine Wirkung auf
uns üben; wir haben kein Organ, seine Freuden zu fassen.

Ebensowenig Wirkung hat auf uns die reine Gottesidee, das kalte Absolute. Wir mögen uns hundertmal wiederholen, daß die Gottesidee gar nicht abstrakt genug gefaßt werden kann: Einfluß auf uns hat doch nie der Gott des Philosophen, sondern der Gott, der auf Erden wandelt, der Mensch ist und doch mehr als Mensch, der nicht starre Tugend von uns fordert, sondern begeisterte Liebe. Und was so das gläubige Gemüt bewegt, was ihm so schön erscheint, es muß wahr sein, in demselben Sinne wahr, wie des Kindes begeisternde Ideale, nur muß die Wirklichkeit so unendlich hoch über dem Symbol stehen, wie das Leben des Erwachsenen über dem Traumbild des Kindes. Und wenn wir die Wirklichkeit fassen, so werden wir uns eben so wenig unsere Symbole zurückwünschen, wie das herangewachsene Kind seine Märchenherrlichkeit. Sähen wir sie aber jetzt klar vor Augen, so stände sie unverständlich und erschreckend vor uns; wir würden zusammenbrechen wie die sterbliche Semele, als Jupiter in seiner Herrlichkeit vor sie hintrat: die reine Gotteserkenntnis würde uns vernichten. So zieht uns die Begeisterung, mit der wir sie im Bilde schauen, allmählich zu ihr hinauf; was auch hinter dem Traum des Lebens stecke, fassen können wir es nur im Symbol, und je reiner und geistiger sich dies Symbol gestaltet, je mehr es vom Stofflichen sich loslöst, je mehr es nur das gestaltet, was das tiefste Gefühl uns offenbart, um so sicherer werden wir in ihm das Übersinnliche ergreifen. So werden wir erzogen wie die Kinder: die graue, öde Welt schmückt sich für uns mit Licht und Farbe; die schwere Aufgabe, das Rechte zu tun, wird uns leicht gemacht durch die lebendige Begeisterung für alles Edle und Gute; zur reinen Gotteserkenntnis werden wir erzogen an Symbolen, und was wir in dieser menschlichen Form verehren, das ist schließlich doch Gott.

Am meisten unter der Herrschaft der Schönheit vollzog sich nun diese Symbolisierung des Göttlichen bei den Griechen, dem Volk, das „unter allen den Traum des Lebens am schönsten geträumt". Hier tritt uns das Symbol nicht nur geistig, sondern plastisch-greifbar entgegen; daher der unend= liche Reiz, den das Griechentum gerade für den tieferen Künstler hat, für den die Kunst Gefäß des Geistes ist.

Vielleicht hat das Vorhergehende ungefähr den Ge= dankengang klar gelegt, den der Dichter genommen haben muß, als er die wundervollen Bilder des dritten Abschnitts hinwarf. Venus Urania mit ihrem Sternenkranz ertragen nur die reinen Geister; sollen wir Menschen sie schauen, so muß sie die Feuerkrone ablegen und sich zu unserm kindlichen Verständnis herablassen. Aber es ist dieselbe Göttin, und wir können uns getrost ihrer Leitung anvertrauen; sie wird unser schwaches Auge an immer helleres Licht gewöhnen, bis wir sie auch auf ihrem Sonnenthron schauen können. Alles wahr= haft Schöne ist Symbol des Göttlichen, darum vermag uns die echte Schönheit, die echte Kunst dem Göttlichen zu= zuführen.

Und so wacht sie denn auch über dem Menschen in treuer Sorge:

> Als der Erschaffende von seinem Angesichte
> Den Menschen in die Sterblichkeit verwies,
> Und eine späte Wiederkehr zum Lichte
> Auf schwerem Sinnenpfad ihn finden hieß,
> Als alle Himmlischen ihr Antlitz von ihm wandten,
> Schloß sie, die Menschliche, allein
> Mit dem verlassenen Verbannten
> Großmütig in die Sterblichkeit sich ein.
> Hier schwebt sie, mit gesenktem Fluge,
> Um ihren Liebling, nah am Sinnenland,
> Und malt mit lieblichem Betruge
> Elysium auf seine Kerkerwand.
>
> Als in den weichen Armen dieser Amme
> Die zarte Menschheit noch geruht,
> Da schürte heil'ge Mordsucht keine Flamme,
> Da rauchte kein unschuldig Blut.

Das Herz, das sie an sanften Banden lenket,
Verschmäht der Pflichten knechtisches Geleit;
Ihr Lichtpfad, schöner nur geschlungen, senket
Sich in die Sonnenbahn der Sittlichkeit.
Die ihrem keuschen Dienste leben,
Versucht kein niedrer Trieb, bleicht kein Geschick;
Wie unter heilige Gewalt gegeben,
Empfangen sie das reine Geisterleben,
Der Freiheit süßes Recht, zurück.

Den gleich zu Anfang flüchtig angedeuteten Gedanken,
daß der Mensch, von Gott verstoßen, die verscherzte Glück=
seligkeit wieder zu erringen bestimmt ist, führt der Dichter
näher aus. Er kreuzt hier eine Gedankenreihe, die er in
seiner Abhandlung „über die erste Menschengesellschaft nach
dem Leitfaden der mosaischen Urkunde“ einschlägt, allerdings
von ganz anderem Ausgangspunkte herkommend, der prosaischen
Abhandlung angemessen, in der er freilich, streng genommen,
auch nur Poet ist. Es ist interessant zu sehen, von wie ver=
schiedenen Punkten aus der Dichter das große Problem mensch=
lichen Lebens und Wirkens zu lösen sucht. Hier ist ihm der
Mensch ein verbannter Geist, der an der mitleidigen Hand
der Kunst die verscherzte Heimat wieder erringen soll, dort
ein instinktbegabtes Naturwesen, das nur das schönste und
geistreichste aller Tiere geworden wäre, wenn es nicht in einer
glücklichen Stunde die Herrschaft des Instinkts abgeschüttelt
und mit der ersten Schuld zugleich den ersten Schritt zur
moralischen Freiheit getan hätte. Das moralische Übel hat
der Mensch in die Welt gebracht, aber nur um das moralische
Gute darin möglich zu machen. Den ersten Schritt hat er
damit auf dem Weg getan, der ihn nach vielen Jahrtausenden
zur Selbstherrschaft führen wird. Wie ganz anders scheint
diese Auffassung als die in den Künstlern, und doch geht der=
selbe Grundgedanke hindurch: aus müßiger, unwürdiger Ruhe,
aus passiver Unschuld muß der Mensch durch Kampf und
Sieg zu bewußter Reinheit des Wollens, zu sittlicher Freiheit

sich durchringen. Und diese sittliche Freiheit hat er in dem Augenblick errungen, wo er aus Liebe zum Guten das Gute tut, nicht aus Zwang: dieser Lieblingsgedanke Schillers, um den sich seine spätere Gedankendichtung zum großen Teil dreht, klingt hier vorahnend an. — Glückselig darum die, die diese Liebe zum Guten in den Menschen nähren, die sie dem keuschen Dienste der Schönheit werben dürfen, glückselig die Künstler, so schließt der Dichter den ersten Teil seines Gedichts ab:

> Glückselige, die sie — aus Millionen
> Die reinsten — ihrem Dienst geweiht,
> In deren Brust sie würdigte zu thronen,
> Durch deren Mund die Mächtige gebeut,
> Die sie auf ewig flammenden Altären
> Erkor, das heil'ge Feuer ihr zu nähren,
> Vor deren Aug' allein sie hüllenlos erscheint,
> Die sie in sanftem Bund um sich vereint!
> Freut euch der ehrenvollen Stufe,
> Worauf die hohe Ordnung euch gestellt!
> In die erhabne Geisterwelt
> War't ihr der Menschheit erste Stufe!

Die reine Wahrheit ist uns allen unzugänglich, aber auch die reine Schönheit erschließt sich nur wenig gottbegnadeten Seelen, nur dem echten Künstler, der dann die in Momenten der Weihe aufgenommenen Eindrücke uns in sinnlicher Form verkörpert. Nur als ihr Priester soll er sich fühlen: das ist die Mahnung, mit der der Dichter den ersten Teil seines Gedichtes abschließt.

*   *   *

Im ersten Abschnitt der Künstler ist der Grundgedanke des ganzen Gedichts: die Menschheit verdankt ihre ganze Kultur der Kunst, philosophisch ausgeführt; es bleibt dem Dichter die Beweisführung, die er auf anschaulich-historischem Wege zu geben sucht. Darauf begründet er eine weitere Behauptung: nicht nur ihre bisherige Kultur hat die Menschheit der Kunst zu danken, auch ihre dereinstige Vollendung, das Erfassen der vollen Wahrheit, wird nur die Kunst, die schöpferische Phantasie, nicht etwa die Wissenschaft herauf= führen können. Diesen Satz kann der Dichter auf empirischem Wege nicht beweisen; seine Erfüllung gehört der Zukunft an. Es bleibt ihm nur der eine Weg, auf dem poetische Wahr= heiten ihre Beweiskraft erlangen: uns hinzureißen durch die Schönheit seiner Idee, die Wärme seiner eigenen Überzeugung.[1] Kann er uns schauen lassen, was er schaut, uns zu seiner Stimmung erheben, so hat er seine Sache gewonnen, so trauen wir seiner Verheißung:

> Was wir als Schönheit hier empfunden,
> Wird einst als Wahrheit uns entgegengehn.

Der Dichter beginnt seinen historischen Teil mit einer Schilderung der Menschheit vor dem Auftreten der Kunst:

> Eh ihr das Gleichmaß in die Welt gebracht,
> Dem alle Wesen freudig dienen —
> Ein unermeßner Bau im schwarzen Flor der Nacht,
> Nächst um ihn her, mit mattem Strahl beschienen,
> Ein streitendes Gestaltenheer,
> Die seinen Sinn in Sklavenbanden hielten,
> Und ungesellig, rauh wie er,
> Mit tausend Kräften auf ihn zielten,
> — So stand die Schöpfung vor dem Wilden.
> Durch der Begierde blinde Fessel nur
> An die Erscheinungen gebunden,
> Entfloh ihm, ungenossen, unempfunden,
> Die schöne Seele der Natur.

Wir haben den besten Kommentar zu dieser Stelle bei Schiller selbst, in seinen Briefen über die ästhetische Erziehung des Menschen, wo er eine Art von Umschreibung dazu gibt.

---

[1] „Was der Philosoph beweisen muß, kann der Dichter als einen gewagten Satz, als einen Orakelspruch hinwerfen; die Schönheit der Idee macht, daß man ihm aufs Wort glaubt." Briefwechsel zwischen Schiller und Körner. K. a. Sch., Brief vom 4. März 1789.

„Der Mensch in seinem physischen Zustand," so heißt es
im 24. Briefe, „erleidet bloß die Macht der Natur. . . . In
dieser Epoche ist ihm die Welt bloß Schicksal, noch nicht Gegen=
stand; alles hat nur Existenz für ihn, insofern es ihm Existenz
verschafft; was ihm weder gibt noch nimmt, ist ihm gar nicht
vorhanden. . . . Umsonst läßt die Natur ihre reiche Mannig=
faltigkeit an seinen Sinnen vorübergehen; er sieht in ihrer
herrlichen Fülle nichts als seine Beute, in ihrer Macht und
Größe nichts als seinen Feind. Entweder er stürzt auf die
Gegenstände und will sie an sich reißen, in der Begierde; oder
die Gegenstände dringen zerstörend auf ihn ein, und er stößt
sie von sich, in der Verabscheuung. In beiden Fällen ist sein
Verhältnis zur Sinnenwelt unmittelbare Berührung, und
ewig von ihrem Andrang geängstigt, rastlos von dem
gebieterischen Bedürfnis gequält, findet er nirgends Ruhe als
in der Ermattung und nirgends Grenzen als in der er=
schöpften Begier.

> Zwar die gewalt'ge Brust und der Titanen
> Kraftvolles Mark ist sein . . . .
> Gewisses Erbteil; doch es schmiedete
> Der Gott um seine Stirn ein ehern Band,
> Rat, Mäßigung und Weisheit und Geduld
> Verbarg er seinem scheuen, düstren Blick.
> Es wird zur Wut ihm jegliche Begier,
> Und grenzenlos bringt seine Wut umher,"

so faßt der Dichter dann seine Schilderung nach Iphigeniens
Worten zusammen. So irrt der Mensch „in dumpfer Be=
schränkung durch das nachtvolle Leben, bis eine günstige Natur
die Last des Stoffes von seinen verfinsterten Sinnen wälzt,
die Reflexion ihn selbst von den Dingen scheidet und im
Wiederscheine des Bewußtseins sich endlich die Gegenstände
zeigen". Die erste reine Freude an der Natur empfindet der
Mensch in dem Augenblick, wo er sie betrachtet ohne jeden
Gedanken an seinen materiellen Nutzen.

Und wie sie fliehend jetzt vorüber fuhr,
Ergriffet ihr die nachbarlichen Schatten
Mit zartem Sinn, mit stiller Hand,
Und lerntet in harmon'schem Band
Gesellig sie zusammen gatten.
Leichtschwebend fühlte sich der Blick
Vom schlanken Wuchs der Ceder aufgezogen,
Gefällig strahlte der Kristall der Wogen
Die hüpfende Gestalt zurück.
Wie konntet ihr des schönen Winks verfehlen,
Womit euch die Natur hilfreich entgegen kam?
Die Kunst, den Schatten ihr nachahmend abzustehlen,
Wies euch das Bild, das auf der Woge schwamm,
Von ihrem Wesen abgeschieden,
Ihr eignes liebliches Phantom,
Warf sie sich in den Silberstrom,
Sich ihrem Räuber anzubieten.
Die schöne Bildkraft ward in eurem Busen wach.
Zu edel schon, nicht müßig zu empfangen,
Schuft ihr im Sand — im Ton den holden Schatten nach,
Im Umriß ward sein Dasein aufgefangen.
Lebendig regte sich des Wirkens süße Lust,
Die erste Schöpfung trat aus eurer Brust.

Der Dichter spricht hier das Geheimnis nicht nur der
ersten, sondern aller künstlerischen Konzeption aus: sie knüpft
sich nur an Momente uninteressierter, leidenschaftsloser Betrachtung, an Momente, wo die Seele daliegt wie ein glatter
See, in dem ihr Antlitz weiden alle Gestirne. Kein Wunsch,
keine irdische Angst trübt die reine Auffassung der Welt, mit
klarem Auge sehen wir in die Schöpfung, und nur in solchen
Momenten ist ihre Schönheit für uns da. Die Wiese, der
Wald, die wir auf ihren Ertrag abschätzen, an die uns materielles Interesse knüpft, zeigen vergebens ihre weichen Linien,
ihre mannigfachen Farben, die hin- und herspielenden Sonnen-
lichter; wir sehen nichts davon, unsere Seele steht im Dienste
des Stoffes. Die verfallene Hütte, der vom Blitz zerschlagene
Baum erfreuen selten den Besitzer; sie erscheinen uns erst

malerisch), wenn ihr Zustand uns nicht schädigt, und die groß=
artige Pracht einer Feuersbrunst wird den kaum ergreifen, der
sein eigenes Hab und Gut untergehen sieht. Sollen wir eine
reine, selbstlose, ästhetische Freude an den Gegenständen haben,
so muß unsere Seele frei vom Stoff, von der Sorge um das
Materielle sein. Den ersten Moment solcher freien, selbstlosen
Freude schildert nun der Dichter. Ein künstlerisch angeleg=
tes Gemüt erfüllt in einer glücklichen Stunde freier Muße
die Freude am schönen Schein, am schlanken Wuchs, am
Spiegelbild der Ceder, und in dieser Freude liegt die erste
ethische Regung; der erste Schritt auf der Bahn der Sittlich=
keit, die doch schließlich mit der Selbstlosigkeit zusammenfällt,
ist getan. Soll aber das, was so das empfängliche Künstler=
gemüt ergriff, allgemein wirksam werden, allgemein befreien,
so bedarf es der Gestaltung; denn das, was der Künstler
in der Natur sieht, was auf ihn unmittelbar wirkt, sieht der
Laie nicht; erst in der Gestaltung durch den Künstler tritt es
auch ihm ins Bewußtsein. Zu solcher Gestaltung führt den
Künstler ein innerer Zwang. Die edlen Linien, die sein Auge
entzückten, er zieht sie im Sand, im weichen Ton nach. Doch
dies naive Nachbilden genügt ihm bald nicht mehr. Er ver=
sucht sich das Wesen seiner Kunst auch reflektierend klar zu
machen. Nur wenn ihm das gelingt, wird er zum freien
Schöpfer. — Wir erkennen Schiller selbst in der Eigenart
seines künstlerischen Schaffens. Er setzt sie als die typische;
— jener andere Typus des Künstlers, den Goethe darstellt, ist
ihm noch nicht nahe genug gerückt. Und so ist ihm dies der Weg:

> Von der Betrachtung angehalten,
> Von eurem Späheraug umstrickt,
> Verrieten die vertraulichen Gestalten
> Den Talisman, wodurch sie euch entzückt.
> Die wunderwirkenden Gesetze,
> Des Reizes ausgeforschte Schätze
> Verknüpfte der erfindende Verstand
> In leichtem Bund in Werken eurer Hand.

Der Obeliske stieg, die Pyramide,
Die Herme stand, die Säule sprang empor,
Des Waldes Melodie floß aus dem Haberrohr,
Und Siegestaten lebten in dem Liede.

Die Auswahl einer Blumenflur
Mit weiser Wahl in einen Strauß gebunden,
So trat die erste Kunst aus der Natur;
Jetzt wurden Sträuße schon in einen Kranz gewunden,
Und eine zweite höh're Kunst erstand
Aus Schöpfungen der Menschenhand.
Das Kind der Schönheit, sich allein genug,
Vollendet schon aus eurer Hand gegangen,
Verliert die Krone, die es trug,
Sobald es Wirklichkeit empfangen.
Die Säule muß, dem Gleichmaß untertan,
An ihre Schwestern nachbarlich sich schließen,
Der Held im Heldenheer zerfließen,
Des Mäoniden Harfe stimmt voran.

Der Künstler kann nicht schaffen, ohne sich bewußt zu
sein, was ihn selbst in den Gegenständen, die er darstellt, so
mächtig gepackt hat, und was er wieder in seinem Kunstwerk
zum Ausdruck bringen muß, um auch andere zu ergreifen: es ist
das edle Maß, die organische Gliederung der Teile oder, um ein
Wort zu gebrauchen, an dem jene Zeit eine besondere Freude hat:
die volle Harmonie. Sie ist der Talisman, der des Künstlers
Auge entzückt, und dessen Besitz ihn erst zu eigener, schöpferischer Tätigkeit befähigt. Er ahmt nun nicht mehr sklavisch gegebene Konturen nach: er wagt neue Formen zu erfinden; ja
auf ganz neue Gebiete überträgt er das gefundene Gesetz; die
Anfänge der Baukunst, Ton- und Dichtkunst entstehen. Kühn
vereinigt er das Einzelne zum größeren Ganzen. Eins muß
das andere heben, eins dem anderen dienen, und so entsteht
die zweite, höhere Kunst: die bewußte Darstellung des Schönen.
Jetzt erst kann von einer eingreifenden Wirkung auf die Menge
die Rede sein, jetzt erst von einem wirklichen Beginn der
Kultur.

Bald drängten sich die staunenden Barbaren
Zu diesen neuen Schöpfungen heran.
Seht, riefen die erfreuten Scharen,
Seht an, das hat der Mensch getan!
In lustigen, geselligeren Paaren
Riß sie des Sängers Leier nach,
Der von Titanen sang und Riesenschlachten
Und Löwentötern, die, so lang der Sänger sprach,
Aus seinen Hörern Helden machten.
Zum erstenmal genießt der Geist,
Erquickt von ruhigeren Freuden,
Die aus der Ferne nur ihn weiden,
Die seine Gier nicht in sein Wesen reißt,
Die im Genusse nicht verscheiden.

Jetzt wand sich von dem Sinnenschlafe
Die freie, schöne Seele los;
Durch euch entfesselt, sprang der Sklave
Der Sorge in der Freude Schoß.
Jetzt fiel der Tierheit dumpfe Schranke,
Und Menschheit trat auf die entwölkte Stirn,
Und der erhabne Fremdling, der Gedanke,
Sprang aus dem staunenden Gehirn.
Jetzt stand der Mensch und wies den Sternen
Das königliche Angesicht;
Schon dankte nach erhabnen Fernen
Sein sprechend Aug dem Sonnenlicht.
Das Lächeln blühte auf der Wange;
Der Stimme seelenvolles Spiel
Entfaltete sich zum Gesange;
Im feuchten Auge schwamm Gefühl.
Und Scherz mit Huld in anmutsvollem Bunde
Entquollen dem beseelten Munde.

Begraben in des Wurmes Triebe,
Umschlungen von des Sinnes Lust,
Erkanntet ihr in seiner Brust
Den edlen Keim der Geisterliebe.
Daß von des Sinnes niederm Triebe
Der Liebe beßrer Keim sich schied,
Dankt er dem ersten Hirtenlied.

Geadelt zur Gedankenwürde,
Floß die verschämtere Begierde
Melodisch aus des Sängers Mund.
Sanft glühten die betauten Wangen,
Das überlebende Verlangen
Verkündigte der Seelen Bund.

Der Abschnitt bedarf in seiner klaren Anschaulichkeit kaum des Kommentars, nur eine kurze Zusammenfassung, um für das Folgende das Ergebnis daraus zu ziehen. — Die bis dahin gleichgiltige, dumpfe Menge hat den ersten geistigen Genuß kennen gelernt; den ersten Genuß, der seinen Gegenstand nicht zerstört wie der sinnliche. Zum erstenmal hat die Phantasie um andere Dinge gespielt, als um die Notdurft des täglichen Lebens, und gewaltig ist die Wirkung, die dieser geistige Genuß ausübt. Die knechtische Furcht schwindet, frei erhebt der Mensch sein Antlitz zu den Sternen; seine Seele spricht im Lächeln, in Tränen, im Gesang; der heitere Scherz beweist die Herrschaft über den Stoff; die Liebe veredelt sich, sie nimmt geistigere Züge an. Sein Blick richtet sich empor, und der Dank, den er der Sonne lächelt, kündet ein bisher schlummerndes Bedürfnis seiner Natur. Das in ihm erwachende Geistesbewußtsein weist ihn auf eine Quelle, der es entsprungen sein muß, die ersten sittlichen Regungen auf ein Ziel: zum erstenmal durchzittert der Gedanke an das Göttliche sein Herz, leise geahnt nur und gestaltlos. Nur die mächtige, künstlerisch=schöpferische Phantasie vermag das Gefühlte als ein Lebendiges zu verkörpern.

Der Weisen Weisestes, der Milden Milde,
Der Starken Kraft, der Edeln Grazie,
Vermählet ihr in einem Bilde
Und stellet es in eine Glorie.
Der Mensch erbebte vor dem Unbekannten,
Er liebte seinen Widerschein;
Und herrliche Heroen brannten
Dem großen Wesen gleich zu sein.
Den ersten Klang vom Urbild alles Schönen —
Ihr ließet ihn in der Natur ertönen.

Der Leidenschaften wilden Drang,
Des Glückes regellose Spiele,
Der Pflichten und Instinkte Zwang
Stellt ihr mit prüfendem Gefühle,
Mit strengem Richtscheit nach dem Ziele.
Was die Natur auf ihrem großen Gange
In weiten Fernen auseinander zieht,
Wird auf dem Schauplatz, im Gesange,
Der Ordnung leicht gefaßtes Glied.
Vom Eumenidenchor geschrecket,
Zieht sich der Mord, auch nie entdecket,
Das Los des Todes aus dem Lied.
Lang, eh die Weisen ihren Ausspruch wagen,
Löst eine Ilias des Schicksals Rätselfragen
Der jugendlichen Vorwelt auf;
Still wandelte von Thespis Wagen
Die Vorsicht in den Weltenlauf.

Doch in den großen Weltenlauf
Ward euer Ebenmaß zu früh getragen.
Als des Geschickes dunkle Hand,
Was sie vor eurem Auge schnürte,
Vor eurem Aug nicht auseinanderband,
Das Leben in die Tiefe schwand,
Eh es den schönen Kreis vollführte —
Da führtet ihr aus kühner Eigenmacht
Den Bogen weiter durch der Zukunft Nacht;
Da stürztet ihr euch ohne Beben
In des Avernus schwarzen Ozean,
Und traset das entflohne Leben
Jenseits der Urne wieder an;
Da zeigte sich mit umgestürztem Lichte
An Kastor angelehnt, ein blühend Polluxbild;
Der Schatten in des Mondes Angesichte,
Eh sich der schöne Silberkreis erfüllt.

Gott, die sittliche Weltordnung und die Unsterblichkeit der Seele, die höchsten Ideen, die der Mensch zu denken vermag, gewinnen greifbare Gestalt durch die für alles Göttliche empfängliche, künstlerische Phantasie. Erst jetzt, wo die Stimme der Sittlichkeit als Stimme der Offenbarung im Herzen des

Menschen gesprochen, gewinnt die Gottesvorstellung ihren er=
habenen Sinn. Nicht daß sie überhaupt erst entstünde. Eine
Epoche finsteren Aberglaubens liegt schon hinter dem Menschen;
der Dichter deutet sie nur an durch das zurückgreifende: der
Mensch erbebte vor dem Unbekannten. In den ästhetischen
Briefen geht er auch auf diese Epoche ausführlicher ein. Es
ist eine Zeit tiefster Erniedrigung für den Menschen; „Furcht
ist der Geist seiner Gottesverehrung; nicht mit einem heiligen,
bloß mit einem mächtigen Wesen hat er es zu tun." In dem
Moment aber, wo mit der ersten sittlichen Regung zugleich
die erste tiefbeglückende Ahnung des Göttlichen durch seine
Seele zieht, in dem Moment, wo er selbst die Sklaverei der
Natur abgeworfen, werfen auch seine Götter „die Gespenster=
larven ab, womit sie seine Kindheit geängstigt, und überraschen
ihn mit seinem eigenen Bild". Das Edelste, was sie im
Schatzhaus des Gedächtnisses findet, trägt die Phantasie herzu,
um den dunkel geahnten Gott zu gestalten, die Idee zum Ideal
umzuschaffen. Was fände sie aber Höheres als edle Mensch=
lichkeit? Und so sehen wir denn überall in dieser zweiten
Epoche der Gottesverehrung die Gottheit menschliche Züge
tragen, dem nachgebildet, was den einzelnen Völkern und
Menschen höchstes Ideal ist. Der heitere Grieche, auf fröh=
lichen Lebensgenuß angelegt, schafft sich eine sinnlich heitere,
liebenswürdige Götterwelt; der Germane, von größerem sitt=
lichen Ernst, trägt tragische Züge in seine Götterwelt hinein;
auch hier ist Schuld und Verderben, aber auch Sühne und
Erlösung, wie sie im eigenen Leben walten. In der reinsten
Phantasie aber bildet sich die reinste Gottesvorstellung; von
allem Menschlichen bleibt nur das Höchste, ohne das wir Gott
nicht zu denken vermögen: die Liebe, und das Gottesreich
ist nicht mehr der Olymp, nicht mehr Walhalla; es ist in den
Herzen der Menschen.

So bildet überall die Phantasie das, was die innere
Stimme ihr offenbart, zum Symbol um; wem sie nichts

offenbart, der kann wohl ein Dogma haben, aber keine Reli=
gion. Auf jeder Stufe der Gotteserkenntnis verkörpert der
Mensch sein sittliches Lebensideal, und überall hält die äußere
Gestaltung gleichen Schritt mit der inneren Offenbarung;
überall macht sich das religiöse Bedürfnis nach vollendeter
Harmonie geltend: es muß einen geistig=sittlichen Urgrund der
Welt geben, der dem Menschen die Möglichkeit verbürgt, das
ihm tief eingepflanzte sittliche Lebensideal zu erreichen.

Dasselbe Bedürfnis läßt zuerst den Gedanken an eine
sittliche Weltordnung aufsteigen. Der Mensch sieht in der
wirklichen Welt mächtige Leidenschaften sich straflos ausleben,
sieht den Guten verfolgt und gemartert, den Bösen geehrt und
mächtig. Aber das nun schon erwachte und gestärkte Gefühl für
die Harmonie will sich nicht unter die rohe Gewalt der Tat=
sachen beugen; es ahnt den dennoch vorhandenen Zusammen=
hang zwischen Schuld und Pein; nur dem kurzsichtigen Auge
verbirgt er sich, das nur das Einzelleben überblickt und die
einander folgenden Geschlechterreihen nicht als ein Ganzes faßt.
— Was sich aber so dem Seherblick des Künstlers enthüllt,
das offenbart er in seinen Werken der kindischen Menge; er
lehrt sie, daß der Übel größtes die Schuld ist, und der Mörder,
der der irdischen Gerechtigkeit entgangen ist, erbebt beim An=
blick der schlangenhaarigen Eumeniden. So wandelt von der
Bühne, von Thespis' Wagen aus, zuerst die Idee einer wal=
tenden Vorsehung in die Welt, einer Gerechtigkeit, die sich
nicht spotten läßt, und der Dichter ist geneigt, der hier ge=
gebenen lebendigen Anschauung mehr Wirksamkeit zuzuschreiben
als selbst dem Gesetz und der Religion. „Wenn keine Moral
mehr gelehrt wird,“ führt er an anderem Orte aus,[1] „keine
Religion mehr Glauben findet, wenn kein Gesetz mehr vor=
handen ist, wird uns Medea noch anschauern, wenn sie die
Treppen des Palastes herunterwankt und der Kindermord jetzt
geschehen ist. Heilsame Schauer werden die Menschheit er=

---

[1] Die Schaubühne als eine moralische Anstalt betrachtet.

greifen, und in der Stille wird jeder sein gutes Gewissen preisen, wenn Lady Macbeth, eine schreckliche Nachtwandlerin, ihre Hände wäscht und alle Wohlgerüche Arabiens herbeiruft, den häßlichen Mordgeruch zu vertilgen."

Aber vollendete Harmonie ist auch so noch nicht geschaffen. In das blühende Leben tritt der Tod; er knickt die eben er= schlossenen Blüten, vernichtet die schönsten Hoffnungen und ergreift mit rauher Hand gerade die Lieblinge der Menschheit. Was aber erträglich erschien, so lange die Menschheit stumpf dahinlebte, so lange nicht das Bewußtsein einer geistig=sittlichen Existenz ihr ein Gefühl ihres Wertes verlieh, wird unerträg= lich und unmöglich, wenn im Menschen das Gute lebendig geworden, dessen Unzerstörbarkeit er fühlt. Nun hat er ein Recht auf volle Entfaltung, das Recht, „bis an der Sonnen letzte zu ringen", und so tritt überall, wo ein Volk die Kind= heit verläßt, mit der reineren Gottesidee und dem sittlichen Bewußtsein zugleich ein bestimmter Unsterblichkeitsglaube her= vor, der Glaube an ein Dasein, wo alles Gute, das hier nicht zur Vollendung gelangen konnte, voll ausreift und alle Fragen ihre Lösung finden. Nun ist der Unsterblichkeitsglaube eine Notwendigkeit; das Weiterleben ist vom Tode so untrennbar, wie der Silberstreifen des zunehmenden Mondes von der dunklen, aber doch immer noch sichtbaren Mondscheibe, wie der unsterbliche Pollux von dem sterblichen Kastor. Tod und Leben sind jetzt eins, sie bilden nur die Ergänzung zuein= ander; in voller Harmonie liegt die Schöpfung da, und dies Bewußtsein erhebt den Genius zu immer größeren Leistungen:

> Doch höher stets, zu immer höhern Höhen
> Schwang sich das schaffende Genie.
> Schon sieht man Schöpfungen aus Schöpfungen erstehen,
> Aus Harmonien Harmonie.
> Was hier allein das trunkne Aug' entzückt,
> Dient unterwürfig dort der höhern Schöne;
> Der Reiz, der diese Nymphe schmückt,
> Schmilzt sanft in eine göttliche Athene;

Die Kraft, die in des Ringers Muskel schwillt,
Muß in des Gottes Schönheit lieblich schweigen;
Das Staunen seiner Zeit, das stolze Jovisbild,
Im Tempel zu Olympia sich neigen.

Bezeichnend für diese letzte, vorläufig höchste Epoche der Kunst ist die steigende Vergeistigung aller ihrer Schöpfungen und ihr vollendetes Maß. Was sie eigentlich soll: die Idee in der edelsten Form verkörpern, das hat sie erreicht. Sie hat es erreicht durch jeden Verzicht auf technischen Prunk; der Idee muß alles dienen, wie der stolze Jupiter sich unter das Dach des Tempels zu Olympia schmiegt, den er zerschmettern würde, wenn er sich erheben wollte. Aber ist so das Geistige auf den Thron erhoben — so führt der Dichter in den folgenden Abschnitten aus (V. 266—315) — so muß es seine Herrschaft nun nach allen Seiten ausdehnen; die Wissenschaft blüht empor. Was den Menschen die Kraft gelehrt hat, in dem organischen Zusammenhang der Erscheinungen die zu Grunde liegende Idee zu erkennen, leitet jetzt auch seine Betrachtung der Natur. Und so steht das, was ihn einst erschreckte, jetzt unter seiner Herrschaft, und statt des wilden Getöses chaotischer Massen vernimmt sein Ohr die liebliche Harmonie der Sphären. Dieselbe Harmonie durchklingt sein ganzes Leben. Da ist nichts mehr, was ihn schreckte; selbst der Tod ist nur ein Glied seiner Entwicklung geworden, die Pforte, die ihn zur Vollendung führt.

Wir folgen dem kühnen Fluge des Dichters durch die Geschichte der Menschheit, ohne zu fragen, ob unser Weg wirklich den Spuren des Gewesenen nachgeht. Wir wissen, daß wir im Reich der Wahrheit sind, „die sich nie und nirgend hat begeben", weil in der durch Raum und Zeit gefesselten Wirklichkeit der Idee keine reine Entfaltung beschieden ist. Der Dichter sieht von den Störungen ab, die im tatsächlichen historischen Verlauf diese Entfaltung durchkreuzt und gehemmt haben: so hätte sich die Geschichte der Griechen gestaltet, wenn wir nur die beiden Faktoren, die wunderbare Natur und die künstlerisch beanlagte Menschenklasse setzen könnten, wenn wir alle Zufälligkeiten physischer Art, sowie alle Einflüsse fremder Nationen, die das Volksinteresse in andere Richtungen drängten und politische Leidenschaften weckten, hinwegdenken, so daß das Volk still den Offenbarungen seines künstlerischen Genius hätte lauschen können. Was dem Volk als Ganzes nicht beschieden sein konnte, das ist aber Ereignis geworden für seine vornehmsten Geister, deren Namen die Weltgeschichte nicht in ihren Schlachtenlisten verzeichnet hat, sondern die sich als stille Gemeinde um ihren Phidias, ihren Sophokles geschart haben. Und diese Gemeinde ist stetig gewachsen und zählt ihre Mitglieder in der ganzen Welt; sie ist eigentlich das Volk, das der Dichter darstellt. Er hat somit nichts anderes getan, als was er selbst dem Künstler gestattet: er hat das, „was die Natur auf ihrem großen Gange in weiten Fernen auseinanderzieht," in engen Rahmen zusammengefaßt. Die Kunst hat so gewirkt und wirkt so, wie er es dargestellt hat; nur sind seine Griechen in der ganzen Welt zerstreut, und der edelsten und größten einer war er selbst.

Aber es erhebt sich ein anderer Einwurf gegen den kühnen Aufriß, den der Dichter der Geistesentwicklung der Menschheit zu Grunde gelegt hat. Wir begreifen, daß eine Idee unter dem Druck äußerer Hindernisse nicht ganz rein verkörpert und doch wahr sein kann; wie aber, wenn der tatsächliche Verlauf der Geschichte dieser Idee geradezu widerspräche? Wenn die Kunst, der der Dichter die Kraft beimißt, die Menschen zur höchsten Sittlichkeit zu erziehen, gerade die entgegengesetzten Wirkungen hätte? Dieser Einwand erwuchs dem Dichter aus der Zeitstimmung selbst, aus der jenen rationalistischen Optimismus umbiegenden Kulturfeindlichkeit der Rousseaugemeinde. Schiller berücksichtigt ihn eingehend in den Briefen über die ästhetische Erziehung des Menschen und meint zugeben zu müssen, daß sich die Tatsachen hier mit seiner Idee in direktem

Widerspruch befinden. „In der Tat," meint er, „muß es Nachdenken erregen, daß man beinahe in jeder Epoche der Geschichte, wo die Künste blühen und der Geschmack regiert, die Menschheit gesunken findet und auch nicht ein einziges Beispiel aufweisen kann, daß ein hoher Grad und eine große Allgemeinheit ästhetischer Kultur bei einem Volke mit politischer Freiheit und bürgerlicher Tugend, daß schöne Sitten mit guten Sitten, und Politur des Betragens mit Wahrheit desselben Hand in Hand gegangen wäre."[1] Zu diesen Sätzen bringt der Dichter dann Beispiele aus der Geschichte der Alten und Neueren bei, und meint endlich, dem schweren Vorwurf nur auf spekulativem Wege begegnen zu können, indem er durch eine exakte Definition des Begriffes Schönheit das Ideal-Schöne vom Empirisch-Schönen trennt und so die Überzeugungskraft der historischen Tatsachen hinwegdisputieren will. Aber wir haben Mühe, an die Beweisfähigkeit der nun folgenden Deduktionen gegen die Wucht der von ihm selbst angeführten Tatsachen zu glauben, und haben die dunkle Empfindung, als ob man diesen auch auf ihrem eigenen Boden begegnen könne; als ob der Dichter, von Rousseauscher Dialektik verführt, sich hier nur in Beweisführungen hineinzwingt, deren die Anschauungen der „Künstler" kaum bedürfen.

Es heißt doch eben auch hier nur, von jener „menschlichen Bedürftigkeit" abzusehen, die jedem Gewinn eine Einbuße gegenüberstellt. Es mag eine historische Wahrheit sein, daß dieselben Einflüsse, die der Kunst zur Blüte verhelfen, Reichtum und äußere Sicherheit, zugleich auf die sittliche Kraft eines Volkes entnervend wirken. Es mag ebenso wahr sein, daß eine hohe ästhetische Kultur den Willen zu nationaler Selbstbehauptung, das Interesse an äußerer Machtentfaltung schwächt und deshalb kein Mittel politischer Größe ist. Aber weder die eine noch die andere Tatsache hebt die innere Wahrheit in Schillers Gedankengang auf. Denn es ist eben nicht

[1] Zehnter Brief.

die Kunst, die jenen sittlichen Rückgang bewirkt, sondern es sind die Verhältnisse, die nur äußerlich und zufällig, nicht innerlich und notwendig, mit ihrer Blüte verbunden sind. Und wenn auch die seelische Verfeinerung, der Adel des Empfindens, die Kultur des gegenseitigen Verständnisses, die eine solche Blütezeit schafft, den von außen kommenden entnervenden Einflüssen momentan unterliegt, es bleibt doch wahr, daß die feinsten und vornehmsten geistigen Kräfte durch die Kunst ausgelöst werden. Und was jene politische Gleichgiltigkeit anbetrifft, die uns der Verlauf der Geschichte fast als die notwendige Kehrseite einer hohen ästhetischen Kultur zeigt, so scheitert auch daran Schillers Theorie nicht. Man braucht nicht einmal daran zu erinnern, daß Englands elisabethanisches Zeitalter zugleich das Zeitalter Shakespeares war. Man braucht sich nur zu sagen — und daran hat keine Zeit fester geglaubt als das 18. Jahrhundert — daß nicht für immer und für alle Zeiten die Bedingungen nationaler Selbstbehauptung wirtschaftliche Größe und militärische Macht sein werden, und daß eine Zeit kommen muß, wo die Interessen einer edlen geistigen Kultur und die der politischen Existenz keinen unvereinbaren Gegensatz mehr bilden werden. In diesem Sinn hat Kant den Weltfrieden als das Ziel der geschichtlichen Entwicklung bezeichnet, und die Richtung auf dieses Ziel als das Kriterium alles wahren Fortschritts. Und so müssen wir Schiller verstehen. Der Historiker glaubt an solche Zeit ewigen Friedens nicht, und legt darum der Tatsache, daß künstlerische Eigentümlichkeit und politische Bedeutung nicht beieinander bestehen können, großes Gewicht bei; im Dichter aber, im Philosophen des 18. Jahrhunderts, lebt der Glaube an eine zukünftige goldene Zeit, und darum müssen ihm die Einwürfe des Historikers bedeutungslos sein. Ihm eilt der Künstler in seiner Überlegenheit über die Händel dieser Erde nur seiner Zeit voraus und erwartet seinen langsamer folgenden Zögling, die Menschheit, an der Pforte des Friedensreiches.

Und so preist er sie denn wieder, die „vertrauten Lieb=
linge der sel'gen Harmonie" (B. 316—350), die uns aus der
Leibeigenschaft des Stoffes befreit, uns unsere Pflicht lieben
gelehrt haben, die mit holder Täuschung das Leben umspinnen
und die schwarze Sorge verhüllen:

> Jahrtausende hab ich durcheilet,
> Der Vorwelt unabsehlich Reich:
> Wie lacht die Menschheit, wo ihr weilet,
> Wie traurig liegt sie hinter euch!

Die folgenden Abschnitte schildern die zweite große Blüte=
periode der Kunst, ihr Wiederaufleben im 15. und 16. Jahr=
hundert:

> Die einst mit flüchtigem Gefieder
> Voll Kraft aus euren Schöpferhänden stieg,
> In eurem Arm fand sie sich wieder,
> Als durch der Zeiten stillen Sieg
> Des Lebens Blüte von der Wange,
> Die Stärke von den Gliedern wich,
> Und traurig, mit entnervtem Gange,
> Der Greis an seinem Stabe schlich.
> Da reichtet ihr aus frischer Quelle
> Dem Lechzenden die Lebenswelle;
> Zweimal verjüngte sich die Zeit,
> Zweimal von Samen, die ihr ausgestreut.

> Vertrieben von Barbarenheeren,
> Entrisset ihr den letzten Opferbrand
> Des Orients entheiligten Altären
> Und brachtet ihn dem Abendland.
> Da stieg der schöne Flüchtling aus dem Osten,
> Der junge Tag, im Westen neu empor,
> Und auf Hesperiens Gefilden sproßten
> Verjüngte Blüten Joniens hervor.
> Die schönere Natur warf in die Seelen
> Sanft spiegelnd einen schönen Widerschein,
> Und prangend zog in die geschmückten Seelen
> Des Lichtes große Göttin ein.

Da ſah man Millionen Ketten fallen,
Und über Sklaven ſprach jetzt Menſchenrecht;
Wie Brüder friedlich miteinander wallen,
So mild erwuchs das jüngere Geſchlecht.
Mit innrer hoher Freudenfülle
Genießt ihr das gegebne Glück,
Und tretet in der Demut Hülle
Mit ſchweigendem Verdienſt zurück.

Die griechiſche Kunſt iſt verſunken. Jahrhundertelang
nimmt das Ringen der wandernden Völker alles öffentliche
Intereſſe in Anſpruch; rauh ſind wieder die Sitten geworden
und hart der Menſch gegen ſich und andere. Da fällt Kon=
ſtantinopel in die Hände der Türken, und die letzten Hellenen,
die noch im ſtillen Heiligtum die griechiſchen Klaſſiker gepflegt
haben, flüchten die ſorgſam behüteten Schätze nach Italien, wo
ſie wie eine neue Offenbarung wirken. Getragen von einem
neuen ſtarken Menſchentum zieht der Geiſt der Antike noch
einmal in die Kulturwelt ein. Noch einmal durchdringt er ſie
ganz mit ſeiner befreienden Macht, und überall, in der Kunſt,
in der Wiſſenſchaft und im Gemeinſchaftsleben, ſproßt ein
neuer lichter und reicher Frühling. Mögen auch diesmal
wieder Stürme und Fröſte vieles zerſtören, mag das Gezänk
der Theologen und die ungeheure Not des großen Krieges
zeigen, daß noch nicht alle Ketten gefallen ſind, daß „des
Lichtes große Göttin“ noch nicht die Welt beherrſcht, was ge=
ſchehen iſt, iſt doch von unendlicher Bedeutung: die Geiſter ſind
befreit und ihrer Selbſtbeſtimmung zurückgegeben. In der
Tat des Mönchs zu Wittenberg, die ſelbſt ſchon ein Ausfluß
dieſer freieren Geſinnung iſt, liegt im Keim die ganze Emanzi=
pation der Wiſſenſchaft, und die Wirkungen, die hier als un=
mittelbare geſchildert werden, ſind durch die Folgezeit erfüllt,
ſo daß der Dichter alſo wieder nur in ſeiner Schilderung
enger zuſammenzieht, was in weiten Räumen ſich abſpielt.
Er beachtet nur die großen, fruchtbaren Ideen und ihren Ein=
fluß; die kleinen Zufälligkeiten, die dieſen Einfluß eine

Zeitlang hemmen, entschwinden dem Blick, der das Ganze umfaßt.

Die Befreiung des Denkens öffnet eine unübersehbare Perspektive, und kühn strebt der menschliche Geist hinaus auf die noch nie beschrittenen Bahnen. Ihm scheint das Höchste erreichbar, er scheint der wahre Kämpfer um die menschliche Vollendung. Seinem neuen Selbstbewußtsein gegenüber sinkt die Bedeutung der Kunst — sie trägt nur den Schmuck des Lebens herzu, dessen edler Inhalt der Kampf des Geistes ist. Den Künstler darf das nicht irre machen; nicht die Wissenschaft, sondern die Kunst, mit der die Kultur der Menschheit begann, wird sie auch vollenden.

> Die von dem Ton, dem Stein bescheiden aufgestiegen,
> Die schöpferische Kunst, umschließt mit stillen Siegen
> Des Geistes unermeßnes Reich.
> Was in des Wissens Land Entdecker nur erfiegen,
> Entdecken sie, erfiegen sie für euch.
> Der Schätze, die der Denker aufgehäufet,
> Wird er in euren Armen erst sich freun,
> Wenn seine Wissenschaft, der Schönheit zugereifet,
> Zum Kunstwerk wird geadelt sein —
> Wenn er auf einen Hügel mit euch steiget,
> Und seinem Auge sich, in mildem Abendschein,
> Das malerische Tal — auf einmal zeiget.
>
> Je reicher ihr den schnellen Blick vergnüget,
> Je höhre, schönre Ordnungen der Geist
> In einem Zauberbund durchflieget,
> In einem schwelgenden Genuß umkreist:
> Je weiter sich Gedanken und Gefühle,
> Dem üppigeren Harmonienspiele
> Dem reichern Strom der Schönheit aufgetan —
> Je schönre Glieder aus dem Weltenplan,
> Die jetzt verstümmelt seine Schöpfung schänden,
> Sieht er die hohen Formen dann vollenden,
> Je schönre Rätsel treten aus der Nacht,
> Je reicher wird die Welt, die er umschließet,
> Je breiter strömt das Meer, mit dem er fließet,
> Je schwächer wird des Schicksals blinde Macht,

Je höher streben seine Triebe,
Je kleiner wird er selbst, je größer seine Liebe.
So führt ihn, in verborgnem Lauf,
Durch immer reinre Formen, reinre Töne,
Durch immer höhre Höhn und immer schönre Schöne
Der Dichtung Blumenleiter still hinauf —
Zuletzt, am reifen Ziel der Zeiten,
Noch eine glückliche Begeisterung,
Des jüngsten Menschenalters Dichterschwung,
Und — in der Wahrheit Arme wird er gleiten.

   Sie selbst, die sanfte Cypria,
Umleuchtet von der Feuerkrone,
Steht dann vor ihrem münd'gen Sohne
Entschleiert — als Urania,
So schneller nur von ihm erhaschet,
Je schöner er von ihr geflohn!
So süß, so selig überraschet
Stand einst Ulyssens edler Sohn,
Da seiner Jugend himmlischer Gefährte
Zu Jovis Tochter sich verklärte.

Das hier ausgeführte Bild ist das schönste in den Künstlern. Der Denker wühlt in den Tiefen des Lebens; immer enger wird das Gebiet des Einzelnen, je unübersehbarer das Reich der Wissenschaft sich ausdehnt. Der Künstler steht auf der sonnigen Höhe; er überschaut das Ganze; wenn ihm auch die Einzelheiten entgehen, er sieht doch mehr als der nur zur Erde, auf das Kleine gerichtete Blick des Forschers.

Aber wir müssen das Bild auf einen Augenblick verlassen, um dem eigentlichen Sinn dieser etwas verwickelten Ausführungen nahe zu kommen. Am leichtesten wird uns das werden, wenn wir uns die Art vergegenwärtigen, wie einer, der Künstler und Forscher zugleich war, wie Goethe zu den Ergebnissen seines Denkens kam. Er haftet nicht an den Einzelheiten, er geht von einer Idee aus, die er mit all der Klarheit vor sich sieht, die sonst nur die Erfahrung gibt; seine sämtlichen naturwissenschaftlichen Entdeckungen gehen aus ein und demselben Prinzip hervor: der einheitlichen Auffassung aller Organismen. Von diesem Prinzip ausgehend, schließt er auf Details, die erst die nachfolgende Forschung bestätigt; durch eine Art von Intuition, die doch im letzten Grunde auf seine künstlerische Phantasie zurückzuführen ist, sieht er einen großen Zusammenhang, eine feste Gesetzmäßigkeit da, wo die Zeitgenossen nur eine verwirrende Menge von Einzelheiten fanden, und so gibt er uns den besten Beleg für das hier gebrauchte Bild. Er ist ein solcher Führer, der den unten weilenden Forscher auf seinen hohen Aussichtspunkt ruft und ihm den Überblick finden hilft, den er unten im Tale verliert.

Und wie die Entdeckungen Goethes auf naturwissenschaft= lichem Gebiet, so sind die meisten großen Erfindungen und Entdeckungen auf eine künstlerisch angelegte, überaus rege Phantasie zurückzuführen.[1] Sie zaubert dem Kolumbus die ferne Welt vor Augen und läßt ihn nicht ruhen, bis er sie gefunden; sie erhebt einen Kopernikus, einen Kepler über die Beschränktheit der Zeitgenossen und läßt sie die Bahnen schauen, die die Planeten um die Sonne ziehen, noch ehe Berech= nungen sie feststellen. So aber ist es nicht nur gewesen, so wird es auch fernerhin bleiben. Das Gebäude der Wissenschaft ist überall unvollendet, und der große Grundriß ist unbekannt. Ihn zu finden und nach ihm das Gebäude zu vollenden, ist das Bestreben der Forschung. Hier sind starke Säulen auf= gerichtet, dort steht eine Mauer, hier sind ganze Gemächer fertig, und überall sind fleißige Arbeiter bemüht, die Lücken zu füllen. Draußen aber steht sinnend der Baumeister und überschaut das ganze Gebäude. Und da geht es ihm plötzlich auf: hier, an dieser Stelle muß im Grundriß ein kühner Bogen, dort muß ein Turm gestanden haben; nur so kann

---

[1] Alles, was wir Erfinden, Entdecken im höheren Sinne nennen, ist die Ausübung, Betätigung eines originellen Wahrheitsgefühls, das, im stillen längst ausgebildet, unversehens mit Blitzesschnelle zur fruchtbaren Er= kenntnis führt. Goethe, Aphorismen über Naturwissenschaften im allgemeinen.

es gewesen sein, denn nur so kommt in das Ganze die Har=
monie, die jetzt nur einzelne Teile haben. Und so steigt vor
seinem inneren Auge der ganze Bau allmählich empor, und
er braucht nur die Arbeiter anzuleiten und sie nach seinen
Angaben arbeiten zu lassen, so wird das große Werk der=
einst zu aller Freude vollendet stehen. Nicht durch die Ar=
beiter, die Spezialforscher, sondern durch den Baumeister,
den Künstler oder besser gesagt: den Mann mit gewal=
tiger, künstlerischer Phantasie. Nur ihm, sei er Fachgelehrter
oder nicht, wird es gelingen, die verstümmelten Glieder der
Schöpfung auszugestalten, weil nur ihm das Geheimnis ihrer
Harmonie aufgegangen ist.

Und wenn nun fast gar nichts mehr fehlt, wenn vielleicht
nur ein einziges Glied noch die Harmonie des Ganzen stört,
dann wird ein letzter schöpferischer Genius dieses letzte Glied
finden, und dann — ja, wir fragen billig, was dann? — In
der Wahrheit Arme wird er gleiten, antwortet uns der Dichter,
das heißt, wie schon früher eingehend ausgeführt wurde: er
wird die volle Erkenntnis des geistigen Prinzips, des eigentlichen
Wesens aller Dinge haben, das Übersinnliche, Gott selbst wird
er schauen. Aber eben diese Möglichkeit hat ja der Dichter in
seinen ersten Ausführungen selbst bestritten, und auch wir ver=
mögen sie nicht einzusehen: wie kann dem sinnlichen Menschen
— und sinnlich, mit Sinnen begabt, muß sich der Dichter doch
auch die letzte Menschengeneration denken — diese volle Er=
kenntnis zuteil werden? — Die Ausleger umgehen oder über=
sehen die Schwierigkeit dieser Stelle, oder nehmen wohl gar
einen einfachen Widerspruch mit den früheren Ausführungen
an, eine Modifizierung des ersten Gedankens, die durch eine
Unterredung mit Wieland veranlaßt sein soll. Die erste
Stelle, wo von der furchtbar herrlichen Urania die Rede ist,
die der sinnliche Mensch nie schauen kann, wäre dann nur als
Rest des ersten Gedankenkreises stehen geblieben. Zu einer solchen
Annahme haben wir kein Recht. Eine Inkonsequenz, die jedem

einigermaßen aufmerkſamen Leſer auffällt, wäre dem ſo ſorg=
fältig arbeitenden Dichter gewiß nicht entgangen, und obwohl
es ſich hier nur um eine dichteriſche Wahrheit, um eine poetiſche
Zukunftsphantaſie handelt, ſo hat er doch ſicher auch darin
einen logiſchen Zuſammenhang gewollt.

Wir müſſen uns nach einer anderen Löſung umſehen.
Der Dichter ſelbſt gibt Körner eine Andeutung über dieſe
Stelle in den Worten: „Ich laſſe die Kunſt an dieſem Ziele
ſich dem Menſchen in verklärter Geſtalt zu erkennen geben."[1]
Wenn man auf dieſe leicht hingeworfene Äußerung überhaupt
fußen wollte, ſo könnte man ſagen: in verklärter Geſtalt, alſo
doch noch in einer Geſtalt, doch noch als Symbol, wenn auch
noch ſo genau dem darunter verborgenen Überſinnlichen an=
gepaßt. Dieſe Auffaſſung würde zwar jede Schwierigkeit be=
ſeitigen, ſie entſpricht nur nicht den Worten des Gedichts:
In der Wahrheit Arme wird er gleiten, Urania ſelbſt ſteht
vor ihm.

Vielleicht hat der Dichter mit voller Abſicht, der dichte=
riſchen Wirkung und der tieferen Anregung wegen, das Rätſel
nicht völlig gelöſt, ſondern die Löſung nur angedeutet, —
ganz das nämliche finden wir ſpäter im verſchleierten Bild
zu Saïs — und uns iſt es nun völlig unbenommen, uns auf
das weite Meer poetiſcher Spekulation zu begeben und eine
Löſung zu entdecken oder zu erträumen. Solche halb poetiſchen,
halb philoſophiſchen Spekulationen über das Weſen des Jen=
ſeits und die Entwicklung der Menſchheit liebte jene Zeit über
alles; Klopſtocks Vater nimmt ſich ernſthaft vor, nach ſeinem
Tode den Seinigen zu erſcheinen, um ihnen nähere Auf=
klärungen zu geben; Goethe, Leſſing und Schiller ſpielen
gelegentlich mit dem Gedanken der Seelenwanderung. Leſſing
denkt in Verbindung damit an eine ſteigende Vergeiſtigung
des Menſchengeſchlechts, und wir finden in ſeinem literariſchen

---

[1] Brief vom 9. Februar 1789.

Nachlaß höchst originelle Erwägungen darüber, daß der Mensch mehr als fünf Sinne haben könne. Auch hier scheint er eine allmähliche Vergeistigung der Menschen im Auge zu haben, denn die nächsten Sinne, an deren allmählichen Erwerb er denkt, sollen feinste materielle Kundgebungen, wie die Elektrizität und den Magnetismus, durch unmittelbare Wahrnehmung dem Bewußtsein übermitteln. Die Vorstellung einer solchen Vergeistigung der Menschheit mag denn auch Schiller bei dieser Stelle vorgeschwebt haben. Da nun unsere Zeit, trotz ihres entschiedenen Realismus, selbst spiritistische Phantasmen ernsthaft nimmt, da ihr auch eine plötzliche Selbstverneinung der ganzen Menschheit, ihre Rückkehr in das Nirwana, das öde Nichts, durch Schopenhauer ganz geläufig geworden ist, so dürfte ihre Phantasie auch nicht vor der Vorstellung des Gegenteils erlahmen, der höchsten Selbstbejahung, der plötzlichen Vergeistigung der Menschheit, die ihr das Erfassen der reinen Wahrheit möglich machte, um so weniger, als ein ähnlicher Gedanke schon der Vorstellung des jüngsten Tages zu Grunde liegt.

Aber wir müssen uns hier selbst Halt gebieten. Es liegt auf der Hand, daß solche poetisch-philosophischen Phantasien nicht den geringsten positiven Wert besitzen; aber sie haben symptomatischen Wert, sie lassen den Pulsschlag des Zeitalters fühlen. Im achtzehnten Jahrhundert diese phantastisch-optimistische Vorstellung einer Vergeistigung der letzten Menschengeneration; im neunzehnten die pessimistische der allgemeinen Selbstverneinung. In unsrer Zeit aber des naturwissenschaftlichen Realismus malt uns die kranke Phantasie wohl gar das Geschick der letzten Menschen, die vor der immer fortschreitenden Erstarrung der Erde an den Äquator gerückt sind, und dort, „wie ein Rudel Wölfe mit wildgierigen Räuberaugen" den kleinsten Vorteil übereinander erspähend, in der totenstillen Eiswüste ihr grausiges Ende erwarten. So sind diese Zukunftsphantasien im Laufe eines Jahrhunderts vom freudigsten

Optimismus zur hoffnungslosesten Skepsis herabgestiegen.
Mögen sie gleich viel wissenschaftlichen Wert oder Unwert
haben, gewiß ist, daß die idealistische Weltbetrachtung Schillers
der mächtigste und gesundeste Antrieb zur Tat ist, während
die trostlose Perspektive, die unsere Zeit sich geschaffen hat,
die sittliche Kraft lähmt.

Steigen wir aber noch einmal mit dem Dichter hinauf.
Wie er sich auch die letzte Menschengeneration denken möge,
wie sie auch die Wahrheit erfasse, ob rein, ob im Symbol,
eins ist ihm gewiß: der Mensch wird sie am schnellsten ergreifen, der am tiefsten in die Geheimnisse des schönen Denkens
und Fühlens eingedrungen ist: das der Sinn des vielum-
strittenen, dunklen:

> So schneller nur von ihm erhaschet,
> Je schöner er von ihr geflohn.

Und darum, so wiederholt der Dichter nun zum letztenmal,
liegt der Menschheit Geschick in des Künstlers Hand:

> Der Menschheit Würde ist in eure Hand gegeben,
> Bewahret sie!
> Sie sinkt mit euch! mit euch wird sie sich heben!
> Der Dichtung heilige Magie
> Dient einem weisen Weltenplane,
> Still lenke sie zum Ozeane
> Der großen Harmonie!
>
> Von ihrer Zeit verstoßen, flüchte
> Die ernste Wahrheit zum Gedichte
> Und finde Schutz in der Kamönen Chor.
> In ihres Glanzes höchster Fülle,
> Furchtbarer in des Reizes Hülle,
> Erstehe sie in dem Gesange
> Und räche sich mit Siegesklange
> An des Verfolgers feigem Ohr.
> Der freisten Mutter freie Söhne,
> Schwingt euch mit festem Angesicht
> Zum Strahlensitz der höchsten Schöne,
> Um andre Kronen buhlet nicht.

Die Schwester, die euch hier verschwunden,
Holt ihr im Schoß der Mutter ein;
Was schöne Seelen schön empfunden
Muß trefflich und vollkommen sein.
Erhebet euch mit kühnem Flügel
Hoch über euren Zeitenlauf;
Fern dämmre schon in eurem Spiegel
Das kommende Jahrhundert auf.
Auf tausendfach verschlungenen Wegen
Der reichen Mannigfaltigkeit
Kommt dann umarmend euch entgegen
Am Thron der hohen Einigkeit.
Wie sich in sieben milden Strahlen
Der weiße Schimmer lieblich bricht,
Wie sieben Regenbogenstrahlen
Zerrinnen in das weiße Licht:
So spielt in tausendfacher Klarheit
Bezaubernd um den trunknen Blick,
So fließt in einen Bund der Wahrheit,
In einen Strom des Lichts zurück.

Wir wollen dem Dichter das letzte Wort lassen; jede Zergliederung würde die Kraft dieser Bilder nur schwächen. Was er hier über die Mission des Künstlers sagt, das hat er mit seinem Herzblut geschrieben; es ist ein Lebensprogramm. In dieser Begeisterung für alles Edle und Gute, im Ringen nach dem Höchsten hat er seinen kranken Körper besiegt und verzehrt. Über den Toten konnte sein großer Freund das Wort sprechen:

Es glühte seine Wange rot und röter
Von jener Jugend, die uns nie entfliegt,
Von jenem Mut, der, früher oder später,
Den Widerstand der stumpfen Welt besiegt,
Von jenem Glauben, der sich stets erhöhter
Bald kühn hervordrängt, bald geduldig schmiegt,
Damit das Gute wirke, wachse, fromme,
Damit der Tag dem Edlen endlich komme.

II.

Wir treten in eine neue Epoche der Geistesentwicklung Schillers ein. Seine Selbsterziehung macht einen entscheiden= den Schritt vorwärts. In den Werken der Alten war ihm zuerst die Schönheit lebendig entgegengetreten. Die Wirkung, die sie auf ihn ausgeübt hat, ist in den Künstlern dargelegt: das Gedicht gibt ureigenstes, inneres Erlebnis. Aber die Er= kenntnis: die Schönheit ist die Erzieherin der Menschheit, steht bis jetzt nur empirisch fest. Soll sie dem Dichter selbst unumstößlich und zugleich für andere wirksam werden, so muß sie auch auf dem Wege spekulativen Denkens gewonnen, so muß vor allen Dingen der Begriff Schönheit selbst erst fixiert werden. So ist es ganz folgerichtig, daß gerade auf dieser Stufe seiner Geistesentwicklung des Dichters volle Lust zum Philosophieren wieder erwacht. Er denkt vorübergehend an eine Fortsetzung der philosophischen Briefe,[1]) die dann ver= mutlich in ebenso dilettantischer Weise die neugewonnenen Kunstanschauungen entwickelt hätte, wie die vorhandenen Briefe seine jugendlich=warme, aber auch jugendlich unreife Idee vom Universum. Aber da fällt ihm rechtzeitig die Kantsche Kritik der Urteilskraft[2]) in die Hand, und der Dichter, bisher in dem gänzlich kantianischen Jena einer der wenigen Ketzer, macht sich eifrig an die Bewältigung der ästhetischen Ideen Kants und setzt durch die Nachricht seiner Bekehrung zur

---

[1]) Brief an Körner vom 16. Mai 1790.

[2]) Schiller an Körner, Brief vom 5. März 1791.

Philosophie seinen Freund Körner so in Atem, daß er ihm beinahe gleich ein paar Bogen philosophica geschickt hätte. [1] Einige Bemerkungen über Kant wirft er wenigstens hin und unter diesen eine, die für Schiller folgenreich werden soll. Er macht ihn auf eine Lücke des Kantschen Schönheitsbegriffes aufmerksam. Kant spricht nur von der Wirkung der Schönheit auf das Subjekt. [2] Die Verschiedenheit schöner und häßlicher Objekte, die in dem Objekt selbst liegt, untersucht er nicht. Daß diese Untersuchung fruchtlos sein würde, behauptet er ohne Beweis. Es fragt sich, meint Körner, ob dieser Stein der Weisen nicht noch zu finden wäre. Rastlos sucht Schiller von jetzt ab nach diesem Stein der Weisen, nach dem in den Dingen selbst liegenden Gesetz des Schönen, nach den Merkmalen, die etwas als schön erkennen lassen unabhängig von der Wirkung auf das Subjekt. Wie ihn zuvor die Alten ganz hingenommen, so jetzt die Philosophie. Der Aneignung der Kantschen Ideenkreise will er gern drei Jahre seines Lebens opfern. Jedenfalls steht sein Entschluß unwiderruflich fest, sie nicht eher zu verlassen, bis er sie völlig ergründet hat. Zum Glück wird dem gerade um diese Zeit häufig und schwer kranken Dichter durch die Großmut des Herzogs von Augustenburg die äußere Muße zuteil, deren er bedarf, um die Kantsche Philosophie durchzuarbeiten und selbständige Resultate aus ihr zu gewinnen. Auch innerlich fühlt er sich frei und gehoben trotz der unaufhörlichen Krankheitsstürme. Sein Lebensglück ist durch die Heirat mit Charlotte von Lengefeld fest begründet. Von allen Seiten wird ihm reiche Anerkennung zuteil, und die Besten seiner Zeit verbinden sich ihm in inniger Freundschaft, unter ihnen W. v. Humboldt und Goethe. Humboldt bleibt seinetwegen jahrelang in dem kleinen Jena, und der Gedanke an die Abendstunden, die er in angeregter Diskussion mit dem

---

[1] Körner an Schiller, Brief vom 13. März 1791.
[2] Kant, Kritik d. ästhet. Urteilskraft § 17.

Freunde verbracht, erfüllt ihn noch in der Erinnerung mit
wehmütiger Begeisterung. Das Gespräch dreht sich meistens
um spekulative Interessen, selten um Positives. Das Wissen
an und für sich, berichtet Humboldt, erschien Schiller zu stoff=
artig und die Kräfte des Geistes zu edel, um in dem Stoffe
mehr zu sehen, als ein Material zur Bearbeitung.[1]) Und
Humboldt hat ein feines Verständnis für die philosophische
Geistesrichtung des Freundes; er versteht, „daß der Gedanke
das Element seines Lebens war," und daß er, „um das Größte
und Höchste hervorzubringen, dessen er fähig war, erst eines
Zeitraumes bedurfte, in welchem sich seine ganze Intellektuali=
tät, an die sein Dichtergenie unauflöslich geknüpft war, zu
der von ihm geforderten Klarheit und Bestimmtheit durch=
arbeitete."[2]) Nicht so Goethe. Er äußert gelegentlich gegen
Eckermann[3]): „Es ist betrübend, wenn man sieht, wie ein
so außerordentlich begabter Mensch sich mit philosophischen
Denkweisen herumquälte, die ihm nichts helfen konnten." Er
spricht von einer „unseligen Zeit" der Spekulationen und er=
kennt doch gleich darauf an, daß Schiller im Gegensatz zu ihm
selbst nie mit einer gewissen Bewußtlosigkeit und gleichsam
instinktmäßig habe verfahren können; daß er über alles, was
er tat, reflektieren mußte. Das ist in der Tat das Bezeich=
nende für Schillers Eigenart. Aber eben darin beruhte die
Notwendigkeit jener schweren inneren Bildungskämpfe, in
denen er für den Inhalt seines sittlichen Bewußtseins den
philosophischen Zusammenhang suchte. Nicht als dunkles Ge=
fühl: als klarer, bewußter Begriff mußte das Göttliche in ihm
leben. Die Spekulation war das notwendige Gerüst zu dem
Tempel der Ideen, den wir in den philosophischen Gedichten
betreten. Nun der Tempel vollendet, bedarf es des Gerüstes

---

[1]) Briefwechsel zwischen Schiller und W. v. Humboldt, 2. Ausgabe,
Vorerinnerung rc. S. 7.

[2]) Ebenda S. 5.

[3]) Eckermanns Gespräche mit Goethe; Gespr. v. 14. November 1823.

nicht mehr; Schiller bemerkt ausdrücklich Körner gegenüber, daß Gedichte, wie „Ideal und Leben" durchaus nicht seines philosophischen Systems zur Erklärung bedürften. Die Gedanken, zu höchster Reinheit und Einfachheit entwickelt, fügen sich nun leicht der schönen Form, dem symbolischen Ausdruck und wirken durch ihn unmittelbar. So brauchen wir also nicht den ganzen Ideenprozeß des Denkers zu verfolgen, wie er teils im Briefwechsel mit Körner, teils in den kleinen philosophischen Abhandlungen zu Tage tritt, die in dieser Zeit entstanden, wenn auch zum Teil erst später veröffentlicht sind, umsoweniger, als uns wohl die letzten Ergebnisse seines Denkens, aber durchaus nicht alle einzelnen Gedankengänge überzeugend erscheinen würden. Aber von diesen Ergebnissen selbst müssen wir Kenntnis nehmen, um schon mit dem eigentümlichen Ideenkreis Schillers bekannt zu sein, ehe wir an die philosophischen Gedichte herantreten, die aus ihm herausgewachsen sind, und so ihre Wirkung voller zu empfangen.

Was den Dichter zunächst beschäftigte, war, wie wir sahen, die Fixierung des Schönheitsbegriffs. Das Resultat seiner Untersuchungen, wie es in den Briefen an Körner zu Tage tritt, ist: der Grundbegriff der Schönheit ist freie Selbstbestimmung, Freiheit in der Erscheinung. Die gefundene Theorie wendet er sogleich auf das ihm am meisten am Herzen liegende Gebiet sittlicher Ideen an: wo sich auf sittlichem Gebiet Freiheit in der Erscheinung zeigt, da können wir von moralischer Schönheit sprechen. Das Verständnis dieser Idee erleichtert eine Geschichte, die er seinem Freunde Körner „zu seiner Erholung von all den abstrakten Untersuchungen" erzählt. Wir finden sie in dem für diese ganzen Auseinandersetzungen wichtigsten Briefe vom 18. Februar 1793.

„Ein Mensch ist unter Räuber gefallen, die ihn nackend ausgezogen und bei einer strengen Kälte auf die Straße geworfen haben.
Ein Reisender kommt an ihm vorbei; dem klagt er seinen Zustand und fleht ihn um Hilfe. Ich leide mit dir, ruft dieser gerührt aus, und gern

will ich Dir geben, was ich habe. Nur fordere keinen anderen Dienst, denn Dein Anblick greift mich an. Dort kommen Menschen, gib ihnen diese Geld=börse, und sie werden Dir Hilfe schaffen. — Gut gemeint, sagte der Ver=wundete, aber man muß auch das Leiden se h e n können, wenn die Menschen=pflicht es fordert. Der Griff in Deinen Beutel ist nicht halb so viel wert, als eine kleine Gewalt über Deine weichlichen Sinne.“

Was war diese Handlung? Weder nützlich, noch moralisch, noch groß=mütig, noch schön. Sie war bloß passioniert, gutherzig aus Affekt.

„Ein zweiter Reisender erscheint, der Verwundete erneuert seine Bitte. Diesem zweiten ist sein Geld lieb, und doch möchte er gern seine Menschen=pflicht erfüllen. Ich versäume den Gewinn eines Guldens, sagte er, wenn ich die Zeit mit Dir verliere. Willst Du mir soviel, als ich versäume, von Deinem Gelde geben, so lade ich Dich auf meine Schultern und bringe Dich in einem Kloster unter, das nur eine Stunde von hier entfernt liegt. — Eine kluge Auskunft, versetzte der andere. Aber man muß bekennen, daß Deine Dienstfertigkeit Dir nicht hoch zu stehen kommt. Ich sehe dort einen Reiter kommen, der mir die Hilfe umsonst leisten wird, die Dir nur um einen Gulden feil ist.“

Was war nun diese Handlung? Weder gutherzig, noch pflichtmäßig, noch großmütig, noch schön. Sie war bloß nützlich.

„Der dritte Reisende steht bei dem Verwundeten still und läßt sich die Erzählung seines Unglücks wiederholen. Nachdenkend und mit sich selbst kämpfend steht er da, nachdem der andere ausgeredet hat. Es wird schwer werden, sagt er endlich, mich von dem Mantel zu trennen, der meinem kranken Körper der einzige Schutz ist, und Dir mein Pferd zu überlassen, da meine Kräfte erschöpft sind. Aber die Pflicht gebietet mir, Dir zu dienen. Besteige also mein Pferd, und hülle Dich in meinen Mantel, so will ich Dich hinführen, wo Dir geholfen werden kann. — Dank Dir, braver Mann, für Deine redliche Meinung, erwidert jener, aber du sollst, da Du selbst be=dürftig bist, um meinetwillen kein Ungemach leiden. Dort sehe ich zwei starke Männer kommen, die mir den Dienst werden leisten können, der Dir sauer wird.“

Diese Handlung war rein (aber auch nicht mehr als) moralisch, weil sie gegen das Interesse der Sinne, aus Achtung fürs Gesetz unternommen wurde.

„Jetzt nähern sich die zwei Männer dem Verwundeten und fangen an, ihn um sein Unglück zu befragen. Kaum öffnet er den Mund, so rufen beide mit Erstaunen: Er ist’s! Es ist der nämliche, den wir suchen. Jener erkennt sie und erschrickt. Es entdeckt sich, daß beide ihren abgesagten Feind und den Urheber ihres Unglücks in ihm erkennen, und dem sie nachgereist sind, um eine blutige Rache an ihm zu nehmen. Befriedigt jetzt Euern Haß und Eure Rache, fängt jener an, der Tod und nicht die Hilfe ist es, was ich von Euch erwarten kann. — Nein, erwidert einer von ihnen, damit Du siehst, wer wir sind und wer Du bist, so nimm diese Kleider und bedecke Dich. Wir wollen Dich zwischen uns in die Mitte nehmen und Dich hinbringen, wo Dir geholfen werden kann. — Großmütiger Feind! ruft der Verwundete voll Rührung, Du beschämst mich, Du entwaffnest meinen Haß. Komm jetzt, umarme mich und mache Deine Wohltat vollkommen durch eine herzliche Vergebung. — Mäßige Dich, Freund, erwidert der andere frostig. Nicht weil ich Dir verzeihe, will ich Dir helfen, sondern weil du elend bist. — So nimm auch Deine Kleidung zurück! ruft der Unglückliche, indem er sie von sich wirft. Werde aus mir, was da will! Eher will ich elendiglich umkommen, als einem stolzen Feinde meine Rettung verdanken.

Indem er aufsteht und den Versuch macht, sich wegzubegeben, nähert sich ein fünfter Wanderer, der eine schwere Last auf dem Rücken trägt. Ich bin so oft getäuscht worden, denkt der Verwundete, und der sieht mir nicht so aus wie einer, der mir helfen wollte: ich will ihn vorübergehen lassen. Sobald der Wanderer ihn ansichtig wird, legt er seine Bürde nieder. Ich sehe, fängt er aus eigenem Antriebe an, daß Du verwundet bist und Deine Kräfte Dich verlassen. Das nächste Dorf ist noch so fern, und Du wirst verbluten, ehe Du davor anlangst. Steige auf meinen Rücken, so will ich mich frisch aufmachen, und dich hinbringen. — Aber was wird aus Deinem Bündel werden, das Du hier auf freier Landstraße liegen lassen mußt? — Das weiß ich nicht und das bekümmert mich auch nicht, sagt der Lastträger. Ich weiß aber, daß Du Hilfe brauchst, und daß ich schuldig bin, sie Dir zu geben."

Herzliche Grüße von uns allen, (so schließt der Dichter seinen Brief) besinne Dich unterdessen, warum die Handlung des Lastträgers schön ist.

Dein S.

Ich kann noch einige Zeilen zu dem gestrigen Brief beilegen, (fährt Schiller am folgenden Morgen fort), und will Dir dir die fabula docet der erzählten Geschichte nicht länger schuldig bleiben.

Die Schönheit der fünften Handlung muß in demjenigen Zuge liegen, den sie mit keiner der vorhergehenden gemein hat.

Nun haben: 1. alle fünf helfen wollen. 2. Die meisten haben ein zweckmäßiges Mittel dazu erwählt. 3. Mehrere wollten es sich etwas kosten lassen. 4. Einige haben eine große Selbstüberwindung dabei bewiesen. Einer darunter hat aus dem reinsten moralischen Antrieb gehandelt. Aber nur der fünfte hat unaufgefordert und ohne mit sich zu Rate zu gehen geholfen, obgleich es auf seine Kosten ging. Nur der fünfte hat sich selbst ganz dabei vergessen und „seine Pflicht mit einer Leichtigkeit erfüllt, als wenn bloß der Instinkt aus ihm gehandelt hätte." — Also wäre eine moralische Handlung alsdann erst eine schöne Handlung, wenn sie aussieht wie eine sich von selbst ergebende Wirkung der Natur. Mit einem Worte: eine freie Handlung ist eine schöne Handlung, wenn die Autonomie des Gemüts und Autonomie in der Erscheinung koinzidieren.

Aus diesem Grunde ist das Maximum der Charaktervollkommenheit eines Menschen moralische Schönheit, denn sie tritt nur alsdann ein, wenn ihm die Pflicht zur Natur geworden ist."

Hier haben wir den Gedanken, um den sich die ganze fernere Ideendichtung Schillers dreht, und zugleich den Angelpunkt seiner Moraltheorie. Er will nicht starre Sittlichkeit, sondern sittliche Schönheit, und damit macht er entschieden Front gegen Kant und seinen kategorischen Imperativ, sein strenges: Du sollst!, gegen das die Sinnlichkeit protestiert. Kants Ideal ist der Mann mit dem Mantel, der gegen seine Neigung moralisch handelt; Schiller will nicht, daß die moralische Handlung der Sinnlichkeit durch die Vernunft abgeängstigt werde; ihm ist eine Handlung vielmehr erst moralisch, wenn sie frei geschieht. Zwar ist er sich der hohen Bedeutung Kants sehr wohl bewußt. Kant hat die verweichlichte Menschheit einer erschütternden Kur unterzogen: er stellt der üppigen Sinnlichkeit den unverbrüchlichen Pflichtbegriff in seiner ganzen Heiligkeit gegenüber. Aber doch ist ihm Kant nur der Drako seiner Zeit, der mit Blutgesetzen wirken muß, weil die Menschheit die Milde eines Solon noch nicht erträgt. Er sorgt nur für die Knechte, nicht für die Kinder des Hauses, die freiwillig und freudig, nicht gezwungen den Willen des Hausherrn erfüllen. Ja, solche Neigung zur Pflicht schmälert ihm den Wert der Handlung, die um so moralischer erscheint, je mehr sie gegen die Neigung geschieht.[1) In einem seiner glücklichsten Distichen geißelt Schiller diese Kantsche Auffassung:

[1) Kritik der praktischen Vernunft, drittes Hauptstück: Von den Triebfedern der reinen praktischen Vernunft.

„Gerne dien' ich den Freunden, doch tu' ich es leider mit Neigung,
Und so wurmt es mich oft, daß ich nicht tugendhaft bin."

gesteht ein Kantianer. Der Dichter rät ihm in göttlicher
Ironie:

„Da ist kein anderer Rat, Du mußt suchen, sie zu verachten,
Und mit Abscheu alsdann tun, wie die Pflicht Dir gebeut."

Diesen Kantschen Anschauungen gegenüber entwickelt nun
Schiller die seinen eingehend in der Abhandlung über An=
mut und Würde und in der notwendigen Ergänzung dazu,
der Abhandlung über das Erhabene, aus der eigentlich
erst recht klar wird, was der Dichter unter Würde versteht
und unter welchen Bedingungen sie am Platz ist. Anmut
zunächst ist der Ausdruck der schönen Seele, die reines Wohl=
gefallen am Guten empfindet, bei der Sinnlichkeit und Ver=
nunft, Pflicht und Neigung zusammenfallen, die sich ruhig
ihrem Wollen überlassen und dabei sicher sein kann, auch dem
Sollen zu genügen. Ihr Handeln wird stets schön sein, aber
durch solche Schönheit des Handelns allein würden wir nie
erfahren, daß wir bestimmt und fähig sind, uns als reine
Intelligenzen zu beweisen; wir würden zu Grabe gehen, ohne
die Größe unserer Bestimmung, unseren Geistesberuf zu ahnen.
Er wird uns erst bewußt, wenn die Sinnlichkeit dem Ver=
nunftgebot Widerstand leistet. In diesem Kampf verwandelt
sich die schöne Seele in eine moralisch=große, eine erhabene,
und der Ausdruck ihrer Erscheinung ist Würde. Aber auch
in solchen Konflikten, so haben wir Schiller aufzufassen, ist
von einem Zwang, der der Sinnlichkeit angetan würde, nicht
die Rede; die Unterordnung der Sinnlichkeit unter die Ver=
nunft geschieht mit ihrer vollen Zustimmung, weil das Er=
habene eben durch seinen Widerstand gegen das Interesse der
Sinne dem ihr übergeordneten Geiste unmittelbar gefällt;
gerade der Widerspruch zwischen Vernunft und Sinnlichkeit
ergreift unser Gemüt mit unwiderstehlichem Zauber.

In seiner Abhandlung über das Erhabene gibt uns der Dichter ein Beispiel zu seiner Theorie. Er schildert uns zunächst einen schönen Menschen. Er findet seine Lust in der Ausübung der Gerechtigkeit, Wohltätigkeit, Mäßigkeit, Standhaftigkeit und Treue; alle Pflichten, die ihm die Umstände nahe legen, werden ihm zum leichten Spiel; das Glück macht ihm freilich auch keine Handlung schwer, wozu sein menschenfreundliches Herz ihn auffordert. Er handelt gut, aber einfach deshalb, weil die ganzen Umstände so angetan sind, daß es ihm schwerer würde schlecht zu handeln als gut. „Dieser nämliche Mensch," fährt Schiller fort, „soll aber plötzlich in ein großes Unglück geraten. Man soll ihn seiner Güter berauben, man soll seinen guten Namen zu Grunde richten; Krankheiten sollen ihn auf ein schmerzhaftes Lager werfen; alle, die er liebt, soll der Tod ihm entreißen, alle, denen er vertraut, ihn in der Not verlassen. In diesem Zustande suche man ihn wieder auf und fordere von dem Unglücklichen die Ausübung der nämlichen Tugenden, zu denen der Glückliche einst so bereit gewesen war. Findet man ihn in diesem Stück noch ganz als den nämlichen," . . . . dann, so fasse ich kurz die weiteren Ausführungen des Dichters zusammen, reicht man mit keiner Erklärung aus dem Naturbegriff mehr aus; hier ist nicht mehr an die Sinne appelliert; wir stehen nicht mehr innerhalb der bloß physischen Weltordnung; hier ist an das absolute moralische Vermögen, an das Geistesbewußtsein appelliert, hier wirkt der Reiz des Erhabenen. Das Gefühl, das er hervorbringt, ist nach Schillers Definition ein gemischtes, „eine Zusammensetzung von Wehsein, das sich in seinem höchsten Grade als Schauer äußert, und von Frohsein, das bis zum Entzücken steigen kann, und, ob es gleich nicht eigentlich Lust ist, von feinen Seelen aller Lust doch weit vorgezogen wird" . . . . „Wir werden begeistert von dem Furchtbaren, weil wir wollen können, was die Triebe verabscheuen, und verwerfen, was sie begehren." Diese Be-

geisterung schallt aus den Jubelhymnen des Märtyrers auf
dem Scheiterhaufen, dieser Reiz wirkt auf den Arzt oder Seel=
sorger, der ohne Furcht und Schauder unter Pestkranken weilt,
auf den kühnen Lebensretter, der um anderer willen sich in
die Fluten stürzt; er beeinflußt, in religiöses Gewand gekleidet,
die stille Pflegerin, die Leben und Gesundheit im Dienst ihrer
Kranken opfert. Das alles sind Taten gegen die sinnliche
Natur des Menschen, aber wie freudig stellt sie sich in den
Dienst des göttlichen Teils! Wie fern ist die Stimmung der
heroischen Seele von der Resignation, mit der der sinnliche
Mensch widerwillig dem kategorischen Imperativ gehorcht!

Das also ist der Schillersche Standpunkt: Moralisch ist
immer nur, was frei geschieht; geht kein Konflikt zwischen
Vernunft und Sinnlichkeit voraus, so ist die moralische Hand=
lung schön; ordnet sich aber in Konfliktsfällen die Sinnlichkeit
freiwillig der höheren Entscheidung der Vernunft unter, so ist
die Handlung erhaben. Zu beiden Handlungsweisen aber —
und das ist das Bezeichnende der Schillerschen Theorie —
erzieht den Menschen das ästhetische Gefühl, das freie Wohl=
gefallen am Schönen und Erhabenen. „Wir fühlen uns frei
bei der Schönheit, weil die sinnlichen Triebe mit dem Gesetz
der Vernunft harmonieren; wir fühlen uns frei beim Erhabenen,
weil die sinnlichen Triebe auf die Gesetzgebung der Vernunft
keinen Einfluß haben, weil der Geist hier handelt als ob er
unter keinen andren als seinen eigenen Gesetzen stände." —

In poetischer Form finden wir diese Ausführungen unter
dem Titel: Die Führer des Lebens; — in den Horen von
1795, wo dies Gedicht zum erstenmal erschien, führte es den
weit bezeichnenderen Titel: Schön und Erhaben.

Zweierlei Genien sind's, die dich durchs Leben geleiten,
    Wohl dir, wenn sie vereint helfend zur Seite dir stehn!
Mit erheiterndem Spiel verkürzt dir der eine die Reise,
    Leichter an seinem Arm werden dir Schicksal und Pflicht.

Unter Scherz und Gespräch begleitet er bis an die Kluft dich,
  Wo an der Ewigkeit Meer schaudernd der Sterbliche steht.
Hier empfängt dich entschlossen und ernst und schweigend der andre,
  Trägt mit gigantischem Arm über die Tiefe dich hin.
Nimmer widme dich einem allein! Vertraue dem ersten
  Deine Würde nicht an, nimmer dem andren dein Glück!

Das Gedicht ist vielfach mißverstanden worden, und wir
müssen zugeben, daß es leicht mißverstanden werden kann.
Selbst Herder hielt die Kluft, die Tiefe, für das Grab; nicht
das versteht der Dichter darunter, sondern die Augenblicke im
Leben, wo ein Konflikt zwischen Vernunft und Sinnlichkeit
entsteht, dessen Lösung nicht dem Menschen als Sinnenwesen,
sondern nur dem reinen Geist in uns gelingt. Glücklich, ganz
glücklich, sind wir nur in Augenblicken, wo Sinnlichkeit und
Vernunft zusammengehen, Sinnenglück und Seelenfrieden eins
sind; wenn aber das Gefühl des Erhabenen unser Herz ergreift, empfinden wir eine Genugtuung höherer Art, die Freude
„des reinen Dämons", und hier, gerade hier werden wir
später eine überraschende Ausgleichung mit den Ideen Kants
finden, dessen starren Pflichtbegriff Schiller so gänzlich verschmäht.

Das bisher Gesagte wird zur Einführung in eine Reihe
philosophischer Gedichte genügen, in denen wir die hier berührten Widersprüche und eine weitere Ausführung der Schillerschen Ideen finden. Es sind das die Gedichte: der Genius,
der Tanz, Würde der Frauen und das verschleierte
Bild zu Saïs. Auch die Perspektive, die der Spaziergang
eröffnet, gehört diesem Gedankenkreise an. Die übrigen, zum
Teil viel bekannteren philosophischen Gedichte schließen sich an
einen anderen Ideenkreis an, der in den Briefen über die
ästhetische Erziehung des Menschen gezogen und als
eine Erweiterung des hier gegebenen anzusehen ist.[1]) Das
innere Verhältnis, das diese Gedichte zueinander haben,

---

[1]) Ich folge in der Gruppierung im wesentlichen dem in dieser Beziehung
grundlegenden Kapitel der Hettnerschen Literaturgeschichte des 18. Jahrhunderts. (III. Teil, 3. Buch, 2. Abt. S. 154.)

scheint mir wichtiger als die genaue chronologische Folge. In der Seele des Dichters wogten beide Gedankenmassen auf und nieder; bald diese, bald jene drängte zur Gestaltung. Für uns aber gibt es nur Klarheit in der Sonderung, und so wollen wir zunächst den Gedankenkreis von Anmut und Würde erschöpfen, ehe wir auf die in den ästhetischen Briefen und den dazu gehörigen Gedichten gezogenen Folgerungen übergehen.

Das erste Gedicht, an das wir herantreten, war früher „Natur und Schule" betitelt; der Dichter selbst hat später, um Mißverständnissen vorzubeugen, die jetzige Überschrift „Der Genius" gewählt. Es erschien zuerst in den Horen von 1795 und fand allgemeinen Beifall. Humboldt wie Körner zählten es zu ihren Lieblingen, und Schlegel lieferte in der allgemeinen Literaturzeitung eine begeisterte Rezension[1]), worin er freilich irrtümlich das ganze Gedicht statt auf den edlen Menschen nur auf den großen Künstler bezieht.

Wir haben uns zunächst in die Situation hineinzudenken. Zum Dichter tritt ein junger Freund, dem man die allein= seligmachende Philosophie angepriesen hat, und fragt den Er= fahrenen um Rat:

„Glaub' ich," sprichst du, „dem Wort, das der Weisheit Meister mich lehren,
    Das der Lehrlinge Schar sicher und fertig beschwört?
Kann die Wissenschaft nur zum wahren Frieden mich führen,
    Nur des Systemes Gebälk stützen das Glück und das Recht?
Muß ich dem Trieb mißtraun, der leise mich warnt, dem Gesetze,
    Das du selber, Natur, mir in den Busen geprägt,
Bis auf die ewige Schrift die Schul' ihr Siegel gedrücket,
    Und der Formel Gefäß bindet den flüchtigen Geist?
Sage du mir's! Du bist in diese Tiefe gestiegen,
    Aus dem modrigen Grab kamst du erhalten zurück.

---

[1]) 4., 5., 6. Januar 1796. Braun, Schiller im Urteil der Zeitgenossen, Band II, S. 96.

Dir ist bekannt, was die Gruft der dunkeln Wörter bewahret,
  Ob der Lebenden Trost dort bei den Mumien wohnt?
Muß ich ihn wandeln, den nächtlichen Weg? Mir graut, ich bekenn' es!
  Wandeln will ich ihn doch, führt er zu Wahrheit und Recht." —

Wir haben in dem Frager einen jener seltnen Menschen
vor uns, die aus freier Neigung das Gute tun, zu dem ein
Gefühl innerer Verwandtschaft sie hinzieht. Das Edle und
Gute zu lieben, das Unrechte und Häßliche zu meiden, er=
scheint ihm so selbstverständlich, so natürlich, daß er eben
deshalb zweifelt, ob sein Tun genügt, da er andere unter dem
Druck der Pflichterfüllung seufzen hört. Er hört von Grund=
sätzen reden, wo er keine hat, weil er ihrer nicht bedarf, weil
er nur der Stimme in seiner Brust zu folgen braucht. Das
Göttliche erfaßt er mit dem Gefühl, unmittelbar; aber er hört
reden vom Transzendenten, vom Absoluten; er hört mit aller=
hand Schulbegriffen bezeichnen, was ihm nicht Begriff, sondern
Leben ist. Und da er nun nicht mehr der Naturmensch ist,
der blind dem Instinkte folgt, sondern der Sohn der neuen
Zeit, der reflektiert, der bewußt leben will, so nimmt er es
nicht leicht mit sich. Er will sich willig der Arbeit unterziehn,
sich auf dem Wege des Denkens anzueignen, was er nur auf
dem Wege unmittelbarster Erfahrung kennen gelernt hat. Er
will die verschlungenen Pfade der Philosophie gehen, will in
das modrige Grab, in die Gruft der dunklen Wörter, vor der
er ein instinktives Grauen hat, hinabsteigen, wenn er so für
seine Gotteserkenntnis eine größere Tiefe, für seine Sitt=
lichkeit einen höheren Maßstab gewinnen kann. An den Freund,
der den nächtlichen Weg selbst gewandelt ist, wendet er sich
um Auskunft. Sie wird ihm erteilt:

Freund, du kennst doch die goldene Zeit? Es haben die Dichter
  Manche Sage von ihr rührend und kindlich erzählt —
Jene Zeit, da das Heilige noch im Leben gewandelt,
  Da jungfräulich und keusch noch das Gefühl sich bewahrt,
Da noch das große Gesetz, das oben im Sonnenlauf waltet
  Und verborgen im Ei reget den hüpfenden Punkt,

Noch der Notwendigkeit stilles Gesetz, das stetige, gleiche,
  Auch der menschlichen Brust freiere Wellen bewegt,
Da nicht irrend der Sinn und treu, wie der Zeiger am Uhrwerk,
  Auf das Wahrhaftige nur, nur auf das Ewige wies? —
Da war kein Profaner, kein Eingeweihter zu sehen;
  Was man lebendig empfand, ward nicht bei Toten gesucht,
Gleich verständlich für jegliches Herz war die ewige Regel,
  Gleich verborgen der Quell, dem sie belebend entfloß.
Aber die glückliche Zeit ist dahin! Vermessene Willkür
  Hat der getreuen Natur göttlichen Frieden gestört.
Das entweihte Gefühl ist nicht mehr Stimme der Götter,
  Und das Orakel verstummt in der entadelten Brust.
Nur in dem stilleren Selbst vernimmt es der horchende Geist noch,
  Und den heiligen Sinn hütet das mystische Wort.
Hier beschwört es der Forscher, der reines Herzens hinabsteigt,
  Und die verlorene Natur gibt ihm die Weisheit zurück.

Mit beredter Zunge schildert der Dichter hier zunächst
den paradiesischen Zustand der goldnen Zeit äußeren und
inneren Friedens, der gleichmäßig die Dichter 'aller Völker
begeistert hat, und wollen wir die ewigen Wahrheiten, die
unter diesen farbenreichen Bildern geboten werden, recht erfassen,
so dürfen wir den Sprung in seine naive Auffassungsweise
nicht scheuen. Es ist eine Zeit, da der Mensch nicht sündigen
kann, da er mit der ganzen übrigen lebenden Schöpfung
unter der Herrschaft des Instinkts steht, der ihn mit unfehl-
barer Sicherheit leitet. Humboldt meint[1]), der Dichter habe
hier die Idee verfolgen sollen, ob die Dauer einer solchen
natürlichen, zweifellosen Unschuld wahrscheinlich oder nur möglich ist, und wozu der Mensch eigentlich als Mensch bestimmt
sei. Schiller hat an andrer Stelle diese Untersuchungen, wie
ich gelegentlich schon erwähnte, wirklich ausgeführt.[2]) Die Bestimmung des Menschen ist ihm, aus einem Paradies der Un-
wissenheit und Knechtschaft (auch hier behält er die dichterische

---

[1]) Brief vom 31. August 1795.
[2]) Etwas über die erste Menschengesellschaft nach dem Leitfaden der
mosaischen Urkunde.

Fiktion bei) sich, und wäre es erst nach Jahrtausenden, zu einem Paradies der Erkenntnis und Freiheit hinaufzuarbeiten; als freier, vernünftiger Geist dahin zurückzukommen, wovon er als Pflanze und als Kreatur des Instinkts ausgegangen war. Darum erscheint der Abfall des Menschen von seinem Instinkt, den der Volkslehrer als Fall bezeichnet und so zu bezeichnen ein Recht hat, da der Mensch aus einem unschuldigen Geschöpf ein schuldiges wurde, dem Philosophen als die größte und glücklichste Begebenheit der Weltgeschichte, als ein Riesenschritt der Menschheit. Denn der Mensch wurde dadurch aus einem Sklaven des Naturtriebes ein frei handelndes Geschöpf, aus einem Automaten ein sittliches Wesen. Mit dem echten Feingefühl des Dichters sträubt sich aber Schiller dagegen, diese Auffassung auch hier zu vertreten. Diese Ausführungen, meint er, würden den Philosophen zwar wohl befriedigen, aber die einfache Form des Gedichtes zerstören und den poetischen Zweck beeinträchtigen. Die Auflösung soll durch das Herz, aber nicht durch den Verstand verrichtet werden; die Betrachtung, daß der Mensch sich von der Natur entfernen mußte, kann nie verhindern, daß der Verlust eines reinen Zustandes schmerzt, und nur an diesen hält sich der Poet.[1]) — Aber mögen wir nun mit dem Philosophen den Verlust der goldnen Zeit preisen, mögen wir ihn mit dem Dichter beklagen, gewiß ist, daß dies Paradies, diese goldene Zeit der Dichtung entschwunden ist, daß es niemand gibt, der nur gut handeln kann, bei dem ein Konflikt zwischen Sinnlichkeit und Vernunft nie eintritt; daß die große Menge sogar des Zwanges bedarf zum Rechttun, daß nach Formeln und Gesetzen gesucht werden muß, um die rohen Geister im Zaum zu halten. Diese Formeln und Gesetze sucht der geniale Forscher im Menschen selbst, er lauscht auf die Stimme seines Innern, und was er hier vernommen, was als Nachklang

---

[1]) Schiller an Humboldt, 7. September 1795.

aus jener paradiesischen Zeit die Brust noch durchzittert und
ihn mit heiliger Scheu und Liebe erfüllt, das kann er die
rohe Menge nicht unmittelbar nachempfinden lassen; er kann
es nur in die starre, aber heilige Formel fassen: Du sollst!
Und obwohl schon „die imperative Form dieses Moralgesetzes
die Menschheit erniedrigt," sie ist notwendig, denn die Knechts=
natur ist die herrschende in der Menscheit geworden. Niemals
aber kann dies Gesetz für Knechte auch dem Kinde des Hauses
notwendig sein. Und so fährt denn auch Schiller fort:

Hast du, Glücklicher, nie den schützenden Engel verloren,
　　Nie des frommen Instinkts liebende Warnung verwirkt,
Malt in dem keuschen Auge noch treu und rein sich die Wahrheit,
　　Tönt ihr Rufen dir noch hell in der kindlichen Brust,
Schweigt noch in dem zufriednen Gemüt des Zweifels Empörung,
　　Wird sie, weißt du's gewiß, schweigen auf ewig, wie heut,
Wird der Empfindungen Streit nie eines Richters bedürfen,
　　Nie den hellen Verstand trüben das tückische Herz —
O, dann gehe du hin in deiner köstlichen Unschuld!
　　Dich kann die Wissenschaft nichts lehren. Sie lerne von dir!
Jenes Gesetz, das mit ehrnem Stab den Sträubenden lenket,
　　Dir nicht gilt's. Was du tust, was dir gefällt, ist Gesetz,
Und an alle Geschlechter ergeht ein göttliches Machtwort:
　　Was du mit heiliger Hand bildest, mit heiligem Mund
Redest, wird den erstaunten Sinn allmächtig bewegen;
　　Du nur merkst nicht den Gott, der dir im Busen gebeut,
Nicht des Siegels Gewalt, das alle Geister dir beuget,
　　Einfach gehst du und still durch die eroberte Welt.

Ein Kind des Hauses ist der Frager; zwar nicht mehr
der Naturmensch, rein aus Gottes Hand hervorgegangen, der
nicht anders als gut handeln kann — solche gibt es nicht
mehr — sondern einer von denen, die sich ziehen lassen durch
ihr Gefühl für das Schöne und Erhabene; die alles, was gut
heißt, mit Begeisterung und Liebe erfüllt, die freudig in jedem
Konflikt mit der Vernunft die Sinnlichkeit ihr unterordnen,
ohne je das Gefühl des Zwanges dabei zu empfinden. Er
ist eine jener Naturen, wie sie uns vielleicht ein=, zweimal im

Leben begegnen, in denen uns unmittelbar das Göttliche im
Menschen entgegentritt, der freie Geist, der jeden Augenblick
die Hülle verlassen kann, die er adelt, so lange er in ihr weilt:
eine der Naturen, deren Dasein der einzig mögliche Beweis
für das Dasein Gottes ist. Die Weltgeschichte, die vor allem
die Taten des menschlichen Egoismus aufzeichnet, zählt ihrer
nicht viele; aber im gewöhnlichsten, alltäglichen Leben begegnet
uns wohl ein solcher Mensch, der mit fragendem Blick auf
das Böse schaut, der nur für andre, nicht für sich lebt, und
der, selbst früh verklärt, weil er sich nie zu schonen verstand,
den Samen des Guten in den Herzen aller derer zurückläßt,
die ihm nahen durften. Nicht nur, wie Schlegel meint, auf
den bildenden Künstler und Dichter beziehen sich die Schluß-
worte:

> Was du mit heiliger Hand bildest, mit heiligem Mund
> Redest, wird den erstaunten Sinn allmächtig bewegen,

sondern auf jeden, der still und rein im Dienste des Guten
wirkt. Was die Welt wirklich im Tiefsten bewegt und gestaltet, ist eben das Gute; auch im kleinsten Kreise geübt, er-
streckt es seine Wirkungen in unberechenbare Fernen. Die
heilige Hand ist vielleicht die einer einfachen Frau; sie braucht
nicht Schriftzüge zu bilden und den Meißel zu führen, vielleicht regt sie sich nur ohn' Ende, um all die Ihren zu erfreuen; vielleicht stützt sie nur die jungen Menschenbäumchen,
die um sie her fröhlich aufwachsen und des Halts bedürfen,
ihr Mund spricht vielleicht nicht große Gedanken voll tief-
sinniger Weisheit: er lehrt nur die Mädchen und wehret den
Knaben und pflanzt den jungen Herzen unmerklich dieselbe
Liebe zu Gott und den Menschen ein, die ihr selbst das ganze
Herz erfüllt. Und was den Zauber vermehrt, der solche
seltnen Menschen umgibt, das ist die Einfachheit ihres Tuns:

> Du nur merkst nicht den Gott, der dir im Busen gebeut,
> Nicht des Siegels Gewalt, das alle Geister dir beuget,
> Einfach gehst du und still durch die eroberte Welt.

Was sie Gutes tun, erscheint ihnen natürlich, weil sie das Gute lieben; sie müssen mit den Fröhlichen sich freuen und mit den Weinenden klagen; dem Bösen begegnen sie wie einem Kranken, und so sind sie das Sonnenlicht ihrer kleinen Welt, und erst wenn sie dahin sind, wenn es Nacht geworden, merken wir, was wir an ihnen gehabt haben.

Wo uns nun solche Menschen im Leben begegnen, da sollen wir sie voll auf uns wirken lassen. Nicht kleinlicher Neid darf uns nahe kommen, daß ihnen mühelos zuteil wird, wonach wir vielleicht zeitlebens vergebens ringen, daß ihnen das harte: „Du sollst", das unser Leben mit eiserner Hand regiert, ein bloßer Schatten ist; wir sollen uns neidlos freuen, daß die Menschheit solche Blüten treibt:

> Zürne der Schönheit nicht, daß sie schön ist, daß sie verdienstlos,
> Wie der Lilie Kelch prangt durch der Venus Geschenk.
> Laß sie die Glückliche sein, du schaust sie, du bist der Beglückte,
> Wie sie ohne Verdienst glänzt, so entzücket sie dich.[1]

Und gottlob! solche Ehrfurcht vor dem göttlich Schönen, wo es uns in Menschengestalt entgegentritt, erscheint uns nicht schwer. Noch immer haben große Menschen, und sei es erst nach ihrem Tode, einen Kreis begeisterter Jünger gefunden; noch immer hat sich vor echter, unbewußter, selbstloser Güte die Menschheit willig gebeugt. Und nur zu ihrem eignen Heil. Denn von solchen Menschen, die den Blick nur auf das Hohe, Große, Göttliche gerichtet haben auch bei ihrem täglichen Tun und Treiben, strömt auch auf uns das Gefühl über, das uns allmählich dem Schönen und Großen gewinnt, das auch uns endlich zu Kindern des Hauses macht, und vielleicht ist das Glück, das wir empfinden, wenn ein edler Mensch uns hineinzieht in seine reinen Gedankenkreise, noch größer als das, welches er selbst empfindet, weil es bewußter ist.

Das ist also die Auskunft, die der Dichter dem Fragen-

---

[1] Schiller, das Glück.

den gibt: Die Zeit des Instinkts, wo der Mensch gut war, weil er nicht anders konnte, ist vorüber; die Menschheit ist gesunken, und nur der Imperativ, das starre Gebot, vermag sie zu regieren; die Formel ist an die Stelle des lebendigen Triebes getreten. Aber wenige Lieblinge Gottes gibt es, die ihre Liebe zu allem, was schön und gut ist, über das starre Pflichtgebot erhebt, die schön und erhaben handeln und auch uns so handeln lehren. Sie sind unendlich größer als die, welche moralisch handeln aus Zwang, und können unbeirrt ihrem Gefühl folgen.

In einer ganzen Reihe größerer und kleinerer Schöpfungen variiert nun der Dichter das Thema von „Natur und Schule" mit überraschender Mannigfaltigkeit, weist er immer wieder darauf hin, daß das Geheimnis der Sittlichkeit in der Harmonie bestehe, bald mit kurzer, epigrammatischer Wendung:

Suchst du das Höchste, das Größte? — Die Pflanze kann es dich lehren.
Was sie willenlos ist, sei du es wollend — das ist's!

bald in ausgeführter, plastischer Darstellung, wie in dem schönen Gedicht „der Tanz". Das Gedicht ist zugleich so recht ein Beispiel für die Ausdrucksfähigkeit unsrer Sprache, die sich hier in den glücklichsten Wendungen „auf des Takts melodischer Woge" dahinbewegt und wie mit Zauberkraft uns „den luftigen Reihn" lebendig vor Augen führt. Wir glauben wirklich ätherische Leiber dort im Mondlicht auf= und abwogen zu sehen, glauben das säuselnde Saitengetön zu hören und die wunderbare Harmonie mitzuempfinden, die all die kunstreichen Verschlingungen beherrscht, und gerade um diese Empfindung ist es dem Dichter zu tun. Er hat seine Wirkung erreicht, und nun wendet er sich unvermutet nach uns um mit der vorwurfsvollen Frage:

Und dir rauschen umsonst die Harmonien des Weltalls?
Dich ergreift nicht der Strom dieses erhabnen Gesangs,
Nicht der begeisterte Takt, den alle Wesen dir schlagen,
Nicht der wirbelnde Tanz, der durch den ewigen Raum

Leuchtende Sonnen schwingt in kühn gewundenen Bahnen?
Das du im Spiele doch ehrst, fliehst du im Handeln, das Maß.

Aber warum fliehen wir dies Maß? Warum können wir
nicht, wie das Idealvolk des Dichters, die Griechen, von der
sanften Schönheit uns beherrschen lassen? — Weil uns, so
klagt der Dichter, die innere Empfänglichkeit dafür abgeht.
Vergebens singt uns der „Sänger der Vorwelt", vergebens pilgern wir über die Alpen, um die heilige Antike
anzustaunen; „hast du", so ruft sie mahnend dem nordischen
Wandrer zu,

„ . . . . . . die Alpenwand des Jahrhunderts gespalten,
  Die zwischen dir und mir finster und traurig sich türmt?
Hast du von deinem Herzen gewälzt die Wolke des Nebels,
  Die von dem wundernden Aug' wälzte der fröhliche Strahl?
Ewig umsonst umstrahlt dich in mir Joniens Sonne;
  Den verdüsterten Sinn bindet der nordische Fluch."

Diese letzten Worte werfen nun aber zugleich eine große
Frage auf. — So wenig wir Kant zustimmen mögen, wenn
er die Sittlichkeit einer Handlung lediglich darin findet, daß
sie aus Pflichtgefühl, aus Achtung vor dem Gesetz, nicht aus
Neigung geschehe; so sehr wir Schiller recht geben, daß eine
Tat erst dann im edelsten Sinne sittlich ist, wenn sie aus
Liebe zum Guten geschieht und nicht aus Zwang, so dürfen
wir uns doch nicht verhehlen, daß es unendlich wenig Menschen
gibt, die nur durch ihr ästhetisches Gefühl für das Schöne und
Erhabene zu dieser Liebe zum Guten unmittelbar kommen.
Schiller selbst gesteht das nicht nur in der eben angeführten
Stelle ausdrücklich zu, sondern auch da, wo er als Philosoph,
nicht als Dichter spricht. Am Schluß seiner Abhandlung
über die ästhetische Erziehung des Menschen wirft er selbst
die Frage auf, wo der Staat des schönen Scheins, in dem
nur die eigene schöne Natur des Menschen, das ästhetische
Wohlgefallen am Guten ihn lenkt, denn nun eigentlich zu
finden sei, und meint: er existiere zwar dem Bedürfnis nach

in jeder feingestimmten Seele, in Wirklichkeit aber wohl nur
in einigen wenigen auserlesenen Zirkeln.

Aber was soll denn aus allen andern werden, aus der
großen Menge der Menschheit, aus all denen, die der nordische
Fluch bindet? Wodurch sollen wir alle zu sittlicher Freiheit,
zur Liebe zum Guten, erzogen werden, wenn unser ästhetisches
Gefühl uns nicht dazu erzieht? Die Antwort kann nur eine
sein: durch das verschmähte Pflichtgebot Kants, — und hier
ist die Stelle, wo sich beide Theorien die Hand reichen.

Auf zweierlei Weise gelangt der Mensch zu freier Neigung
zum Guten. Der Dichter kennt nur die eine und läßt theo=
retisch auch nur die eine gelten, die er im eigenen Leben er=
fahren hat, und die seinem ganzen Wesen sympathisch ist: die
Erziehung durch das ästhetische Gefühl für das Schöne und
Erhabene, die Erziehung, die er so ergreifend in der Macht
des Gesanges schildert. Verhaßt ist seiner Künstlerseele die
starre Formel; am Riesenkampf der Pflicht, bei dem der
Flammentrieb des Herzens und die unerbittliche Tugend un=
vereinbare Gegensätze sind, erlahmt seine Kraft. Da tritt die
Kunst, die Muse der Schönheit, zu ihm, sie verlangt Maß
und Selbstbescheidung, nicht weil es Pflicht, sondern weil es
schön, weil es erhaben ist, und diese Mahnung versteht er.

> So rafft von jeder eitlen Bürde,
> Wenn des Gesanges Ruf erschallt,
> Der Mensch sich auf zur Geisterwürde,
> Und tritt in heilige Gewalt;
> Den hohen Göttern ist er eigen,
> Ihm darf nichts Irdisches sich nahn,
> Und jede andre Macht muß schweigen,
> Und kein Verhängnis fällt ihn an.

Das ist der Weg, auf dem er erzogen und zu dem großen
und schönen Menschen geworden ist. Aber nicht allen wird
es so gut, diesen Weg wandern zu dürfen; — es gibt einen
andern, der weniger schön geschlungene Linien aufweist und

durch rauhere Gegenden führt; auch auf ihm aber kommen wir zu sittlicher Freiheit.

Wie suchen wir ein Kind, das nicht gerade ausnahmsweise liebenswürdig veranlagt ist und schon aus freien Stücken allen Menschen nur Freude machen möchte, zur freien Neigung zum Guten zu erziehen? Wir stellen es zunächst unter das Pflicht= gebot. Es wird ·den Zwang zuerst sehr schmerzlich empfinden; es denkt mit Freuden der Zeit, wo es frei davon sein wird und die verhaßte Pflicht beiseite schieben darf. Aber die Er= füllung dieser verhaßten Pflicht, die wieder und wieder von ihm gefordert wird, bringt zu seinem eigenen Erstaunen eine gewisse Befriedigung mit sich, die sie von Tag zu Tag weniger verhaßt macht, und die ihren Grund nicht nur in den äußeren, befriedigenden Folgen der Pflichterfüllung hat, sondern in dem dunklen Gefühl, daß hier ein guter Kampf gekämpft und ein guter Sieg errungen worden: der Sieg des Geistes über das Fleisch. Und die verhaßte Pflicht wird lieber und lieber, das Kind wächst heran, und freiwillig erfüllt es jetzt, was einst von ihm so widerwillig getan wurde; das verhaßte: Du sollst! ist ein freudiges: Ich will! geworden.

Kant selbst erkennt die theoretische Möglichkeit an, auf solche Weise zur Liebe zum Gesetz zu gelangen: „denn," sagt er, „an dem, was wir hochschätzen, aber doch (wegen des Be= wußtseins unserer Schwächen) scheuen, verwandelt sich durch die mehrere Leichtigkeit, ihm Genüge zu tun, die ehrfurchts= volle Scheu in Zuneigung und Achtung in Liebe".[1] Er gibt sogar zu, daß eine so erlangte Liebe zum Gesetz die Vollendung einer dem Gesetz gewidmeten Gesinnung sei, aber er bestreitet die Möglichkeit, daß jemals ein Geschöpf solche Gesinnung erreiche. Er muß diese Möglichkeit bestreiten bei seiner zu strengen Definition der Liebe zum Gesetz, des „Gernetuns": er versteht darunter, das sich in einem Menschen

---

[1] Kant, Kritik der praktischen Vernunft. Herausgegeben von Kirchmann. 3. Aufl. S. 101.

auch nicht einmal die Möglichkeit einer Begierde fände, die ihn zur Abweichung vom Gesetz reizen könnte.[1]) Bei dieser Auffassung wird es allerdings keinen Menschen geben, der das Gesetz gern erfüllt, denn dann wäre die Grenze von Sinnlichkeit und Vernunft an einer Stelle durchbrochen, das Irdische und das Ewige fielen zusammen. Folgen wir aber dem gewöhnlichen Sprachgebrauch, nach welchem „gern tun" nichts weiter als willig, freudig tun bedeutet, so möchte es doch eine ganze Anzahl von Menschen geben, die in diesem Sinne das Gesetz lieben, an dem Gesetz ihre Freude haben. Ja, Kant selbst kennt diese Freude so gut wie Schiller, nur daß sie nicht sowohl eine ästhetische Freude als eine geistige Genugtuung ist. Er kann sich nicht satt sehen an der Herrlichkeit des Pflichtgesetzes; seine Seele glaubt sich in dem Maße über sich selbst zu erheben, als sie das heilige Gesetz über sich und ihre gebrechliche Natur erhaben sieht,[2]) und an kaum einer Stelle seiner Werke erhebt er sich zu solcher Begeisterung, als da, wo er ausruft: „Pflicht, du erhabener, großer Name, der du nichts Beliebtes, was Einschmeichelung bei sich führt, in dir fassest, sondern Unterwerfung verlangst, . . . vor dem alle Neigungen verstummen, . . . welches ist der deiner würdige Ursprung, und wo findet man die Wurzel deiner edlen Abkunft, welche alle Verwandtschaft mit Neigungen stolz ausschlägt?"[3]) . . .

Die Tat nun, die aus solcher im Kampf mit der Pflicht gewonnenen Freude an der Pflicht entspringt, sieht der Tat, die dem Gefühl für das Erhabene entspringt, so ähnlich, wie nur Geschwister einander ähnlich sehen können, und solche Taten sind auch Geschwister. Sie entspringen beide dem unmittelbaren Geistesbewußtsein, und ob sie gleich einmal durch

---

[1]) Kritik der praktischen Vernunft. Herausgegeben von Kirchmann. 3. Aufl. S. 101.

[2]) Ebenda S. 93.

[3]) Ebenda S. 104.

das moralische, das andere Mal durch das ästhetische Gefühl vermittelt werden, so ist doch ihr Charakter derselbe, und es möchte sehr schwer sein, in großen Handlungen den Anteil nachzuweisen, den die eine oder die andere Triebfeder daran hat. Wer will bestimmen, ob die Tat des Herzogs Leopold von Braunschweig, von der Schiller in seiner Abhandlung über den moralischen Nutzen ästhetischer Sitten berichtet, aus einem hohen Pflichtgefühl hervorgegangen, oder aus freier Neigung, die uns als Menschenliebe entgegentritt, und die Schiller, der Grieche, auf einen „reizbaren Schönheitssinn" zurückführt, „den alles, was groß und vollkommen ist, entzückt."

Aber genug dieser Erörterungen, genug, wenn wir überzeugt sind, daß auch der strenge Pflichtbegriff uns zur Liebe zum Guten — wie eben Menschen es lieben können — zur moralischen Freiheit führen kann, wenn auch auf rauhem Pfade: es ist eben doch der einzige, — der Wahrheit dürfen wir uns nicht verschließen, — den die meisten von uns gehen können, auf dem vor allen Dingen das Kind, wie die große Menge nur geführt werden kann. Wir geben strenge Gesetze, bis die sinnlichsten Triebe gebrochen sind, wir erzwingen die Aufrechterhaltung des unerbittlichen: „Du sollst!", bis der wiederholt erzwungene Sieg über den sinnlichen Trieb diesen geschwächt und geistigeren Regungen Platz gemacht hat. Die Geistesfreude über den erlangten Sieg hilft neue erringen, und so kommen die Menschen allmählich zu einer gewissen sittlichen Höhe. Die Einzelnen halten freiwillig durch allmählich erworbene und ererbte Neigung zum Rechten die überlieferten Gesetze, und so nähert sich langsam in fortschreitender Selbsterziehung, zum größeren Teil durch das Pflichtgefühl, zum kleineren durch das ästhetische Gefühl, die Menschheit ihrem großen Endziel, der moralischen Freiheit.

*   *   *

Wir haben die in den Abhandlungen über Anmut und
Würde und über das Erhabene berührten Fragen und Gegensätze
nun in ihrer weiteren Ausgestaltung noch durch eine Anzahl
philosophierender Gedichte zu verfolgen: Würde der Frauen,
das verschleierte Bild zu Saïs und die Schlußperspektive
des Spazierganges gehören noch diesem Gedankenkreise an.

In dem Gedicht der Tanz, sowie in kleineren, epi-
grammatisch zugespitzten Dichtungen hatte Schiller immer
wieder auf die Anmut, die Harmonie als die schönste Blüte
persönlicher Kultur hingewiesen, hatte dann ja freilich selbst
wieder zugeben müssen, daß die Natur der jetzigen Menschheit
wenig zu solcher Harmonie, solcher Anmut neige. Eine
Hälfte der Menschheit scheint er aber doch von diesem Aus=
spruch ausschließen zu wollen: die Frauen.

Ehret die Frauen! sie flechten und weben
Himmlische Rosen ins irdische Leben,
Flechten der Liebe beglückendes Band,
Und in der Grazie züchtigem Schleier
Nähren sie wachsam das ewige Feuer
Schöner Gefühle mit heiliger Hand.

Ewig aus der Wahrheit Schranken
Schweift des Mannes wilde Kraft;
Unstät treiben die Gedanken
Auf dem Meer der Leidenschaft;
Gierig greift er in die Ferne,
Nimmer wird sein Herz gestillt;
Rastlos durch entlegne Sterne
Jagt er seines Traumes Bild.

Aber mit zauberisch fesselndem Blicke
Winken die Frauen den Flüchtling zurücke,
Warnend zurück in der Gegenwart Spur.
In der Mutter bescheidener Hütte
Sind sie geblieben mit schamhafter Sitte,
Treue Töchter der frommen Natur.

Feindlich ist des Mannes Streben:
Mit zermalmender Gewalt
Geht der wilde durch das Leben,
Ohne Rast und Aufenthalt.
Was er schuf, zerstört er wieder,
Nimmer ruht der Wünsche Streit,
Nimmer, wie das Haupt der Hyder
Ewig fällt und sich erneut.

Aber zufrieden mit stillerem Ruhme,
Brechen die Frauen des Augenblicks Blume,
Nähren sie sorgsam mit liebendem Fleiß,
Freier in ihrem gebundenen Wirken,
Reicher als er in des Wissens Bezirken
Und in der Dichtung unendlichem Kreis.

Streng und stolz, sich selbst genügend
Kennt des Mannes kalte Brust,
Herzlich an ein Herz sich schmiegend,
Nicht der Liebe Götterlust,
Kennet nicht den Tausch der Seelen,
Nicht in Tränen schmilzt er hin;
Selbst des Lebens Kämpfe stählen
Härter seinen harten Sinn.

Aber, wie leise vom Zephyr erschüttert,
Schnell die äolische Harfe erzittert,
Also die fühlende Seele der Frau.
Zärtlich geängstigt vom Bilde der Qualen,
Wallet der liebende Busen, es strahlen
Perlend die Augen von himmlischem Tau.

In der Männer Herrschgebiete
Gilt der Stärke trotzig Recht;
Mit dem Schwert beweist der Scythe,
Und der Perser wird zum Knecht.
Es befehden sich im Grimme,
Die Begierden wild und roh,
Und der Eris rauhe Stimme
Waltet, wo die Charis floh.

Aber mit sanft überredender Bitte
Führen die Frauen den Szepter der Sitte,
Löschen die Zwietracht, die tobend entglüht,
Lehren die Kräfte, die feindlich sich hassen,
Sich in der lieblichen Form zu umfassen,
Und vereinen, was ewig sich flieht.

Das Gedicht: Würde der Frauen hat schon bei seinem
ersten Erscheinen im Musenalmanach für das Jahr 1796 sehr
widersprechende Beurteilung erfahren. Während feinfühlige
Männer wie Humboldt und Körner ihre höchste Befriedigung
darüber aussprechen, werden andere Stimmen laut, die es völlig
verwerfen als „unwahr, schwankend, unbestimmt." [1]) Friedrich
Schlegel gar will „diese Schrift" nicht einmal für ein Gedicht
gelten lassen [2]): „weder der Stoff noch die Einheit sind
poetisch. Doch gewinnt sie, wenn man die Rhythmen in Ge=
danken verwechselt und das Ganze strophenweis rückwärts
liest. [3]) . . . Die Darstellung ist idealisiert; nur in verkehrter
Richtung, nicht aufwärts, sondern abwärts, ziemlich tief unter
die Wahrheit hinab. Männer, wie diese, müßten an Händen
und Beinen gebunden werden; solchen Frauen ziemte Gängel=
band und Fallhut."

Bei den Frauen fand das Gedicht eine günstigere Auf=
nahme. Humboldts und Körners Frau äußern sich sehr be=
friedigt. Nur Frau von Stein ist kritischer. Sie schreibt an
Charlotte Schiller [4]): „Bei der Würde der Frauen sieht man
recht, daß mein Lollochen (wie sie Charlottens Namen umzu=
wandeln liebt) der Gegenstand war, aus dem er (Schiller) es
schöpfte; heimlich aber hat er doch nach der Kantischen Philo=
sophie den Mann zum Tugendhaften gemacht." Frauen der

---

[1]) Braun, Schiller im Urteil der Zeitgenossen II., S. 168.
[2]) Ebenda, S. 193.
[3]) Siehe Xenion 305, Ausg. v. Stern, Leipzig, Reclam.
[4]) Charlotte von Schiller und ihre Freunde. Bd. I, S. 303. Brief
vom 7. Sept. 1795.

Gegenwart möchten vielleicht Schlegels Urteil eher annehmen, als das des Körnerschen Kreises.

Doch ehe wir fragen, wie unser modernes Bewußtsein der Psychologie des Gedichtes gegenübersteht, suchen wir ihre Grundlagen in Schillers Gesamtanschauungen über das Verhältnis der Geschlechter und in ihrer philosophischen Begründung.

Da finden wir zunächst ein paar harmlose und doch bezeichnende Bemerkungen in einem Brief an Lotte (vom 27. Novbr. 1788). „Es kommt mir vor," schreibt Schiller, „und das mag freilich ein eigennütziger Wunsch unseres Geschlechts sein, — mir kommt vor, daß die Frauen geschaffen sind, die liebe, heitere Sonne auf dieser Menschenwelt nachzuahmen und ihr eigenes und unser Leben durch milde Sonnenblicke zu erheitern. Wir stürmen und regnen und schneien und machen Wind; Ihr Geschlecht soll die Wolken zerstreuen, die wir auf Gottes Erde zusammengetrieben haben, den Schnee schmelzen und die Welt durch ihren Glanz wieder verjüngen. Sie wissen, was für große Dinge ich von der Sonne halte; das Gleichnis ist also das schönste, was ich von Ihrem Geschlecht nur habe sagen können, und ich hab es auf Unkosten des meinigen getan!" Das Gleichnis freut denn auch Lotte so, daß sie ganz darüber vergißt, sich an dem Sturm- und Regenprivileg, das der Mann in Anspruch nimmt, zu ärgern, und gleich im nächsten Briefe, ganz im Geist der ihr zugewiesenen Rolle, erklärt, lieber nichts mehr schreiben zu wollen, als etwas Unerfreuliches. — Dann aber finden wir eine Äußerung in „Anmut und Würde", die beweist, einen wie feinen Instinkt Frau von Stein hat, wenn sie meint, heimlich mache der Dichter den Mann doch zum Tugendhaften, und zwar tut er das nicht nur im Kantischen, sondern auch in seinem eigenen Sinne. Wie er ihm in der sinnlichen Welt allein die aktive Rolle zuerteilt, so ist auch er allein ihm echt sittlichen Handelns fähig. „Selten", heißt es

hier, „wird sich der weibliche Charakter zu der höchsten Idee
sittlicher Reinheit erheben und es selten weiter als zu affek=
tionierten Handlungen bringen. Er wird der Sinnlichkeit
oft mit heroischer Stärke, aber nur durch die Sinnlichkeit
widerstehen. Weil nun die Sittlichkeit des Weibes gewöhnlich
auf seiten der Neigung ist, so wird es sich in der Erscheinung
ebenso ausnehmen, als wenn die Neigung auf seiten der Sitt=
lichkeit wäre. Anmut wird also der Ausdruck der weiblichen
Tugend sein, der sehr oft der männlichen fehlen dürfte." Auch
hier also spricht der Dichter der Frau die Anmut zu, wie in
der „Würde der Frauen", aber wir sehen hier auch zugleich,
was er von der Anmut hält: sie steht ihm hoch, aber sie ist
ihm nicht das Höchste, wenigstens als angeborene Charakter=
eigenschaft nicht. Weit höher als die schöne steht ihm die
heroische Seele; „das Schöne macht sich bloß verdient um den
Menschen, das Erhabene um den reinen Dämon in ihm", die
Anmut zeugt von einem ruhigen, in sich harmonischen Gemüt,
in der Würde aber erweist sich das Subjekt als selbständige
Kraft. Diese Würde nun, die Empfänglichkeit für den Reiz
des Erhabenen, die Fähigkeit, in Konfliktsfällen die Sinnlich=
keit der Vernunft freudig unterzuordnen, behält Schiller durch
die eben erwähnte Äußerung dem Manne vor, und kommt auf
diese Weise zu seiner prinzipiellen Scheidung der Geschlechter
auf sittlichem Gebiet.

So reicht trotz „Würde der Frauen" der Dichter dem
Mann die Palme und hätte schwerlich Schleiermachers ori=
ginellen Wunsch geteilt, lieber Frau als Mann zu sein[1]): ja,
als Mann fühlt er sich geradezu als ein Wesen höherer
Gattung. „Gegen die Frau betrachtet," schreibt er an Wilhelm

---

[1]) Schleiermacher an Charlotte von Kathen, d. 4. August 1804: „Mir
geht es überall so, wohin ich sehe, daß mir die Natur der Frauen edler er=
scheint und ihr Leben glücklicher, und wenn ich je mit einem unmöglichen
Wunsche spiele, so ist es mit dem, eine Frau zu sein." (Aus Schleiermachers
Leben in Briefen. Berlin, G. Reimer, 1858, Bd. I, S. 417.)

von Humboldt[1]), „ist der Mann mehr ein bloß möglicher Mensch, aber ein Mensch in einem höheren Begriff; gegen den Mann gehalten, ist die Frau zwar ein wirklicher, aber ein weniger gehaltreicher Mensch .... Man wird den Mann immer durch einen höheren Gehalt und eine unvollkommenere Form, die Frau durch einen niedrigeren Gehalt, aber eine vollkommenere Form unterscheiden."

Nun zeigt freilich das Gedicht: „Würde der Frauen" den Gegensatz der Geschlechter nicht in diesen starren philosophischen Formeln. Dem Dichter spielt ein anderer Gegensatz in diese Formeln hinein, der in „Natur und Schule" formulierte Gegensatz zwischen der Anmut und dem Kantischen Pflichtbegriff, zwischen Herz und Kopf, Empfindung und Reflexion.[2]) Es wird dieselbe Frage aufgeworfen: Soll die starre Formel oder das unmittelbare Gefühl recht behalten? Es ist keine Frage, auf wessen Seite der Dichter sich stellt: er steht im Bann der Schönheit, der Anmut, im Dienste der Frau, die ihm die Priesterin der Schönheit und des Maßes ist; die nur der untrüglichen Stimme ihres Herzens, ihres unmittelbaren Gefühls zu folgen braucht, wo der Mann den Kopf, das Gesetz fragt. Diese Gefühlsunmittelbarkeit ist es, die den Dichter an den Frauen bezaubert, da sie ihm entweder selbst eigen ist, oder doch als das höchste Erstrebenswerte gilt. Diese feiert er hier wie in den anderen kleinen hierhergehörigen Gedichten: Weibliches Ideal, Macht des Weibes und Tugend des Weibes. Auch hier ist ihm die Krone

---

[1]) Brief vom 25. Dezember 1795.
[2]) Auf des Mannes Stirne thronet
Hoch als Königin die Pflicht.

- - - - - - - -

Aber auf treuerem Pfad der Gefühle
Wandelt die Frau zu dem göttlichen Ziele 2c.

so deuten die später gestrichenen Strophen der ersten Ausgabe diese Gegensätze an.

der Frau der Zauber, den ihr die unbewußte Anmut, die Schönheit und Harmonie ihres Handelns verleiht, in dem nichts von innerem Konflikt, von Widerstreit zwischen Pflicht und Neigung zu erblicken ist.

In gewisser Hinsicht hat Schiller hier für die Betrachtung der Verschiedenheit der Geschlechter Richtlinien gezeichnet, an denen die Psychologie immer festhalten wird. In der Tat erwachsen der Frau aus ihrer Mütterlichkeit vielfach andere Wirkungsweisen, andere Motive des sittlichen Handelns als dem Mann aus seinem Lebenskreise. Sie liegen nicht so sehr in selbstgesetzten sittlichen Normen, als in dem Vermögen, sich in die Seele anderer hineinzufühlen, in der lebendigen Empfindung für den Menschen, zu dessen Freude oder Leid sie beitragen kann. Sie erwachsen ihr aus ihrem Fürsorge- bedürfnis, aus ihrer liebevolleren Schätzung des individuellen Lebens, gleichviel, welchen absoluten Wert es habe. So mag das sittliche Tun der Frau, gerade weil es in der steten feinen Anpassung an die Bedürfnisse anderer besteht, leichter eine gewisse Anmut und Harmonie der Äußerung gewinnen, wo des Mannes reflektiertes, pflichtgemäßes Handeln Härten und Ecken zeigt.

Aber es hieße das Wesen dieser Anmut falsch deuten, wenn man sie nur als eine willenlose, unbewußte Äußerung des weiblichen Wesens auffaßte, wenn man das sittliche Ver- halten der Frau, wie Schiller das in allen hierhergehörigen Dichtungen tut, als „notwendig harmonisch" bezeichnet[1]).

---

[1]) — — — — — — ewig notwendig
   Weißt Du von keiner Wahl, keiner Notwendigkeit mehr.

   Aber für Ewigkeiten entschieden,
   Ist in dem Weibe der Leidenschaft Frieden;
   Der Notwendigkeit heilige Macht
   Hütet der Züchtigkeit köstliche Blüte,
   Hütet im Busen des Weibes die Güte,
   Die der Wille nur treulos bewacht.

Auch auf ihrem Wege, die Forderungen des Ich mit denen der anderen in Einklang zu setzen, liegen sittliche Konflikte, die nicht durch den Instinkt des Naturwesens, sondern nur durch den „reinen Dämon" in ihr zu lösen sind. Freilich wird ihr die Aufopferung leichter, wenn die persönliche Anteilnahme am anderen das starre Pflichtgebot in wärmerem Schimmer zeigt. Aber eben weil ihr Tun tiefer und fester im Persönlichen verankert ist, trifft jede Enttäuschung und jeder Verzicht sie doppelt tief und schmerzlich und schafft ihr Konflikte, die dem Manne fremd sind. — So hat die Sittlichkeit der Frau in ihrer innigen Verknüpfung mit dem ganzen Gefühlsleben eher eine religiöse Färbung, die ästhetische Empfänglichkeit für den Reiz des Schönen, des Erhabenen erscheint vergeistigt und vertieft, so wie in den sinnenfreudigen Schönheitskultus der Antike einst die lebensmächtigen Gemütswerte des Christentums eindrangen [1]).

Wie es aber auf geistigem Gebiet überhaupt keine Schablone gibt, in welche die Geschlechter sauber eingepaßt werden könnten, so auch auf sittlichem Gebiet. Bei der unendlichen Fülle und Verschiedenheit der Individualitäten muß auch die Art, wie sie ihre sittlichen Aufgaben auffassen und zu erfüllen suchen, unendlich verschieden sein. Es gibt Männer von frauenhafter Weichheit und Anpassungsfähigkeit, und Frauen, deren herbe Natur die sittlichen Impulse auch nur durch den eisernen Pflichtbegriff empfängt. Eins aber ist

---

[1]) Schiller ist sich der Verwandtschaft dieser Gefühle wohl bewußt: sie liegt in der Freiheit in der Erscheinung; darum nennt er das Christentum die einzige ästhetische Religion .... „der eigentümliche Charakterzug des Christentums", schreibt er an Goethe (Brief vom 17. Aug. 1795), „der es von allen monotheistischen Religionen scheidet, liegt in nichts anderem als in der Aufhebung des Gesetzes, des Kantischen Imperativs, an dessen Stelle das Christentum eine freie Neigung gesetzt haben will. Es ist also, in seiner reinen Form, Darstellung schöner Sittlichkeit oder der Menschwerdung des Heiligen und in diesem Sinne die einzige ästhetische Religion."

sicher, daß, im ganzen genommen, von einem Mehr oder Weniger des sittlichen Vermögens bei den Geschlechtern als solchen nicht die Rede sein kann.

Das moderne Bewußtsein hat an dem von Schiller aufgestellten Ideal weiblicher Anmut Korrektur geübt. Oder vielmehr die Zeit selbst hat es gewandelt; aus neuen Lebensformen sind neue Forderungen erwachsen. Und heute empfinden wir das Unzulängliche jener weltfremden Abgeschlossenheit, in der bei Schiller die Frauen das ewige Feuer schöner Gefühle mit wachsamer Hand nähren. Niemand hat das deutlicher gesagt als der Sensitivste der Modernen, Maeterlinck. Er, der die sittliche und ästhetische Bedeutung des Unbewußten, Instinktiven wie kein anderer erfaßte, hat doch diese Moral des „Schlafes und des Schattens", die man als die der Frauen bezeichnete, als wesenlos empfunden. Sein „Frauenbildnis" aus der Sammlung „der doppelte Garten" ist das Dokument für das Ende des 19. Jahrhunderts, wie Schillers „Würde der Frauen" es für das 18. war:

„Schildert man uns die Tugenden eines Mannes, so zeigt man ihn im Ringen, in der Tat. Aber die, welche man an einem Weibe bewundert, gehen immer von einem unbeweglichen Vorbild aus, von einer schönen Marmorstatue in einem Museum. Es ist ein inhaltloses Bild, aus schlafenden Lastern, trägen Leidenschaften, schlummernden Ruhmestiteln, passiven Bewegungen und negativen Kräften gewoben. Es ist keusch, weil es keine Sinne hat, gut, weil es keinem Menschen Schaden tut, gerecht, weil es nicht handelt, geduldig und ergeben, weil es jeglicher Tatkraft entbehrt, duldsam, weil keiner es beleidigt, und versöhnlich, weil es nicht die Kraft hat, zu widerstehen, mitleidig, weil es sich ausplündern läßt und weil sein Mitleid ihm nichts nimmt, treu und aufrichtig, demütig und ergeben, weil alle diese Tugenden im Leeren leben und auf einer Leiche blühen können. Doch was wird daraus, wenn das Bild Leben bekommt und sein Museum verläßt, wenn es ins Leben tritt, in dem alles, was nicht teilnimmt an der ringsum flutenden Bewegung, zum kläglichen oder gefährlichen herrenlosen Gute wird? Es gibt eine Moral für die Leute am Ufer der großen Ströme, und eine Moral für die, welche stromauf fahren. Es gibt eine Moral des Schlafes und der Tat, eine Moral des Schattens und des Lichtes, und die Tugenden der ersteren, die sozusagen Hohltugenden sind, müssen sich erheben, sich ausweiten und Volltugenden werden, um der zweiten Moral anzugehören. Stoff und Linien bleiben vielleicht die gleichen, aber die Werte sind von äußerstem Gegensatz. Geduld, Sanftmut, Ergebenheit, Vertrauen, Entsagung und Verzichtleistung, Hingabe und Aufopferung, lauter Früchte der untätigen Tugend, sind, sobald man sie in das rauhe Leben hinausbringt, nichts als Schwäche, Unterwürfigkeit, Sorglosigkeit, Unbewußheit, Trägheit, Selbstvernachlässigung, Dummheit oder Feigheit. Um die Quelle des Guten, der sie entströmen, auf der nötigen Höhe zu halten, müssen sie erst imstande sein, sich in Tatkraft, Festigkeit, Beharrlichkeit, Klugheit, Widerstandskraft, Unwillen und Empörung umzusetzen. . . . Es ist leicht, ein Bild zu geben von der Entsagung, Selbstverleugnung, Hingabe, jungfräulichen Scham, Demut, Frömmigkeit, Verzichtleistung, Ergebung, Opferwilligkeit, Einfalt, Natürlichkeit, Lauterkeit und der ganz verschwiegenen und so oft verzweifelten Schar der weiblichen Tugenden, die in den stillen Winkeln des Daseins sich ängstlich verbergen. Hier findet das Auge voller Rührung vertraute und durch die Zeiten verblichene Farben, und das Gemälde ist durch sie immer mit schmerzlicher Anmut erfüllt. Es ist, als ob diese Tugenden sich nicht täuschen könnten, und als ob just ihre Übertreibungen sie noch rührender machten. Aber welches ungewohnte, undankbare Aussehen haben jene anderen, die hervortreten, sich bejahen und draußen kämpfen. . . . Die Frau hat solange im Schatten gekniet, daß unsere Augen wider besseres Wissen und mit Mühe die Harmonie ihrer erſten Bewegungen erkennen, die ſie ſtehend im hellen Tageslicht macht.“

Stehend im Tageslicht — ſo hat heute auch die Frau ihre Beſtimmung in der geiſtig-ſittlichen Welt zu erfüllen, als ein freier und voll verantwortlicher Menſch, dem von der Härte des ſittlichen Kampfes nichts erſpart bleibt.

Hart iſt dieſer Kampf; viele gehen darin zu Grunde, und nicht nur die Schwachen. Gerade viele der ſtärkſten Naturen erreichen die Übereinſtimmung von Sollen und Wollen, die freiwillige Unterordnung unter ewige Gebote nie, weil der Selbſtwille, das Titanentum in ihnen zu mächtig iſt; ſie wollen ertrotzen, was dem Menſchen verſagt iſt, wollen mit Dämonen ſich meſſen und gehen in dieſem Rieſenkampf unter: das iſt das eigentliche Thema des verſchleierten Bildes zu Saïs.

Man hat viel Rätſelhaftes in dieſem Gedicht finden wollen; es iſt nichts darin, ſobald man den rechten Standpunkt zu ſeiner Erklärung wählt. Das ganze Geheimnis beſteht darin, es in den rechten Zuſammenhang zu ſtellen, in den Ideenkreis der äſthetiſchen Abhandlungen einzurücken, es von Schillers Standpunkt aus zu erklären. Es bedarf kaum der Erwähnung, daß der wirkliche Stufengang der ägyptiſchen Myſterien mit der Auffaſſung des Gedichts nichts zu tun hat. Schiller hat ſeine eigenen Gedanken über die Art, wie der Menſch zur Gotteserkenntnis, zu ſittlicher Reife gelangt; er legt mit dem Recht, das der Dichter über die Geſchichte hat, dem Hierophanten tiefere Abſichten, dem Jüngling eine tiefere Auffaſſung unter, als jene Zeit ſie haben konnte. Woher die äußere Anregung, die Fabel der Dichtung ſtammt, hat daher auch nur inſofern Intereſſe, als wir daraus, wie bei der Vergleichung der Leſſingſchen Ringparabel mit dem Boccaccio ſehen können, daß das Beſte dem Dichter ſelbſt gehört. Für die Auffaſſung finden wir in dieſen

Quellen[1]) keine Handhabe. Sie liegt einzig in Schillers Welt=
anschauung, liegt in den großen Worten:

> Nehmt die Gottheit auf in Euren Willen,
> Und sie steigt von ihrem Weltenthron.

Der Priester zu Saïs soll den nach Wahrheit dürstenden
Jüngling in die volle Gotteserkenntnis einführen. Er ist auf=
gewachsen in dem bunten, vielgestaltigen Volksaberglauben,
und lange Zeit hat er ihm genügt. Aber mit dem Erwachen
zu vollem Selbstbewußtsein hat sich in seinem Herzen die
Ahnung eines Höheren, Geistigen geregt, und mit heißer
Sehnsucht verlangt er nun in die Erkenntnis dieses Höheren
eingeführt zu werden. Rasch hat er die ersten Grade durch=
eilt. Die bunte Decke ist fortgezogen, die vielgestaltige Welt
in einen Ring gefaßt. Seine Ahnung hat ihn nicht betrogen:
die Gottheit steigt als Geist vor ihm empor. Aber dies
bloße Wissen um die Einheit und Geistigkeit Gottes genügt
ihm nicht. Er will mehr, will volle Erkenntnis; er will das
eigentliche Wesen der Gottheit schauen:

> . . . . „Was hab' ich,
> Wenn ich nicht alles habe? . . . . . .
> Giebt's etwa hier ein Weniger und Mehr?
> Ist deine Wahrheit wie der Sinne Glück,
> Nur eine Summe, die man größer, kleiner
> Besitzen kann und immer doch besitzt?
> Ist sie nicht eine einz'ge ungeteilte?
> Nimm einen Ton aus einer Harmonie,
> Nimm eine Farbe aus dem Regenbogen,
> Und alles, was dir bleibt, ist nichts, so lang
> Das schöne All der Töne fehlt und Farben.“

Dieses All, diese volle Wahrheit vermag der Priester dem
Jüngling nicht zu geben, weil er sie selbst nicht hat, weil sie
überhaupt keinem Menschen gegeben ist. Die Vernunft

---

[1]) Siehe über die Quellen Viehoffs Kommentar zu Schillers Gedichten,
Bd. III., S. 5 ff.

kann wohl die Idee eines einheitlichen, geistigen und sitt=
lichen Prinzips der Welt fassen und sie als notwendig er=
kennen; weiter vermag sie nicht zu gehen. Aber der Priester
hat ein langes Leben hinter sich. Er hat in diesem Leben Gott
gesucht und gefunden, nur nicht auf dem Wege der Vernunft=
erkenntnis, sondern indem er auf die Stimme seines Herzens,
seines Gewissens gelauscht und getan hat, was sie ihm sagte.
Jede freiwillige Unterordnung unter das sittliche Gebot, jede
Liebestat hat ihn tiefer eindringen lassen in das Wesen der
Gottheit, und er weiß wohl, das ist der einzige Weg, den der
Mensch zu gehen vermag. Diesen Weg kann er auch den
Jüngling nur führen, nur auf diesem Wege ihm tiefere Er=
kenntnis verschaffen, nachdem der rohe Aberglaube hinweg=
geräumt und die Befähigung zu geistiger Auffassung gegeben
ist. Aber wird sich dessen Feuerseele damit begnügen wollen?
Wird er ihm glauben, wenn er sagt: eine weitere Gottes=
erkenntnis durch die Vernunft gibt es nicht; tiefer einzu=
dringen in das Wesen der Gottheit vermagst du nur, wenn
du ihrem Weben in deiner Brust lauschest und ihre Gebote
erfüllst? — Solche Wahrheiten glaubt niemand dem andern;
sie müssen entweder durch eigenes geistiges Ringen oder durch
schmerzliche Erfahrung unser eigen werden. Und dazu will
der Priester dem Jüngling Gelegenheit geben. Er will ihn
auf eine Probe stellen, die zugleich entscheiden mag, ob er
eine von den feinen, auserlesenen Naturen ist, die eine heilige
Scheu vor dem Göttlichen erfüllt; ob der Priester in ihm
einen Hüter des Mysteriums heranziehen kann, oder ob Selbst=
wille und rohe Kraft zu mächtig in ihm sind, um ihn in den
Dienst der Gottheit zu stellen. Und so führt er ihn denn in
den Tempel,

> Wo ein verschleiert Bild von Riesengröße
> Dem Jüngling in die Augen fiel. Verwundert
> Blickt er den Führer an und spricht: „Was ist's,
> Das hinter diesem Schleier sich verbirgt?"

„Die Wahrheit", ist die Antwort. — „Wie", ruft jener,
„Nach Wahrheit streb' ich ja allein, und diese
Gerade ist es, die man mir verhüllt?"
„Das mache mit der Gottheit aus", versetzt
Der Hierophant. „Kein Sterblicher, sagt sie,
Rückt diesen Schleier, bis ich selbst ihn hebe.
Und wer mit ungeweihter, schuld'ger Hand
Den heilgen, verbotnen früher hebt,
Der, spricht die Gottheit" — „Nun?" — „Der sieht die Wahrheit."
„Ein seltsamer Orakelspruch! Du selbst,
Du hättest also niemals ihn gehoben?"
„Ich? Wahrlich nicht und war auch nie dazu
Versucht". — „Das faß' ich nicht. Wenn von der Wahrheit
Nur diese dünne Scheidewand mich trennte" —
„Und ein Gesetz", fällt ihm sein Führer ein.
„Gewichtiger, mein Sohn, als du es meinst,
Ist dieser dünne Flor; — für deine Hand
Zwar leicht, doch zentnerschwer für dein Gewissen."

Das also ist die Probe: ein einfaches, aber von der Gott=
heit selbst ausgegangenes Gebot steht auf der einen Seite, —
das höchste, selbstgewünschte Ziel auf der andern; auf der
einen die schmerzlichste Entsagung und freiwillige Unterordnung
unter das Gesetz, auf der andern die volle Befriedigung des
eigenen Ich, die Erfüllung des sehnlichsten Wunsches. Es ist
dieselbe Probe, vor die Iphigenie gestellt wird, und die sie
besteht: die Erfüllung ihrer heißesten Sehnsucht, die Befreiung
ihres Bruders, ist möglich, aber nur durch Verletzung einer
sittlichen Pflicht. Sie schwankt, aber sie findet die einzig mög=
liche Lösung; sie unterwirft sich dem Gesetz, das sie zu=
gleich als innere Forderung empfindet. Vor derselben
Probe steht auch der Jüngling im Kampf mit dem Drachen;
die aufgeregte Menge ist bereit ihn zu schützen, ja, ihm den
höchsten Triumph zu bereiten; aber gerade ihr Toben, der
wilde Aufruhr, der das Haus erfüllt, belehrt den Jüngling
über die Notwendigkeit des Gesetzes, und durch freiwillige
Unterwerfung ehrt er den Meister und sich selbst noch mehr.

In ihm, wie in Iphigenie lebt die Ehrfurcht vor dem Heiligen, die der Jüngling zu Saïs nicht kennt, die instinktive Scheu vor dem Göttlichen, die den großen Menschen kennzeichnet, und die ihn allein die Probe hätte bestehen lassen können. So steht diesem das Gebot nicht mit dem ganzen Reiz des Erhabenen gegenüber, sondern als reines Pflichtgebot, als starrer Imperativ. Daß auch die Erfüllung dieses Pflichtgebots ihm zur reinen Freude werden kann, zu jener tiefen Befriedigung, die in der freiwilligen Anerkennung der sittlichen Ordnung liegt, ahnt er nicht. Bis jetzt ist er einfach dem Feuereifer gefolgt, der ihn beseelt, und der keine Schranke irgend welcher Art anerkennen will. Darum faßt er es nicht, daß der Priester nie versucht war, den Schleier zu heben, die Wahrheit zu schauen, von der nur diese dünne Schranke ihn trennt.

> Der Jüngling ging gedankenvoll nach Hause;
> Ihm raubt des Wissens brennende Begier
> Den Schlaf, er wälzt sich glühend auf dem Lager
> Und rafft sich auf um Mitternacht. Zum Tempel
> Führt unfreiwillig ihn der scheue Tritt.
> Leicht ward es ihm, die Mauer zu ersteigen,
> Und mitten in das Innre der Rotonde
> Trägt ein beherzter Sprung den Wagenden.
>
> Hier steht er nun, und grauenvoll umfängt
> Den Einsamen die lebenlose Stille,
> Die nur der Tritte hohler Widerhall
> In den geheimen Grüften unterbricht.
> Von oben durch der Kuppel Öffnung wirft
> Der Mond den bleichen, silberblauen Schein,
> Und furchtbar, wie ein gegenwärt'ger Gott,
> Erglänzt durch des Gewölbes Finsternisse
> In ihrem langen Schleier die Gestalt.
>
> Er tritt hinan mit ungewissem Schritt;
> Schon will die freche Hand das Heilige berühren.
> Da zuckt es heiß und kühl durch sein Gebein
> Und stößt ihn weg mit unsichtbarem Arme.

6*

Unglücklicher, was willst du tun? so ruft
In seinem Innern eine treue Stimme.
Versuchen den Allheiligen willst du?
Kein Sterblicher, sprach des Orakels Mund,
Rückt diesen Schleier, bis ich selbst ihn hebe.
Doch setzte nicht derselbe Mund hinzu:
Wer diesen Schleier hebt, soll Wahrheit schauen?
„Sei hinter ihm, was will! Ich heb' ihn auf!"
Er ruft's mit lauter Stimm': „Ich will sie schauen."
                           Schauen!
Gellt ihm ein langes Echo spottend nach.

Er spricht's und hat den Schleier aufgedeckt.
„Nun," fragt ihr, „und was zeigte sich ihm hier?"
Ich weiß es nicht. Besinnungslos und bleich,
So fanden ihn am andern Tag die Priester
Am Fußgestell der Isis ausgestreckt.
Was er allda gesehen und erfahren,
Hat seine Zunge nie bekannt. Auf ewig
War seines Lebens Heiterkeit dahin,
Ihn riß ein tiefer Gram zum frühen Grabe.
„Weh dem", dies war sein warnungsvolles Wort,
Wenn ungestüme Frager in ihn drangen,
„Weh dem, der zu der Wahrheit geht durch Schuld:
„Sie wird ihm nimmermehr erfreulich sein."

Was hat des Jünglings Leben gebrochen? Was hat er
geschaut, als seine Hand den Schleier hob? Nichts — selbst=
verständlich nichts weiter als das Riesenbild der Isis. Aber
denken wir uns in seine Lage hinein. Bis zu dem Augen=
blick, wo die Tat geschehen, erfüllt ihn nur ein Gedanke, zu
wissen, zu schauen, das Unbegreifliche mit Händen zu fassen;
das Eine macht seine Adern pochen und seine Gedanken sich
verwirren. Er steht vor dem Bilde, ehe er selbst es weiß.
Eine Ahnung des ungeheuren Frevels, den er begehen will,
durchzuckt ihn, aber in sinnlosem Taumel hört er auf nichts
mehr als auf seine Begierde. Die Warnungsstimme in seiner
Brust verstummt, er reißt den Schleier herunter, der das

heilige Bild verhüllt — und starrt in die göttlich schönen und göttlich ruhigen Züge der Isis. Und da, in der Totenstille um ihn her, die nichts unterbricht als das Pochen des eigenen, schuldbewußten Herzens, überfällt ihn plötzlich die zermalmende Erkenntnis, daß das, was er gewollt, ein Wahnsinn ist, daß er die Gottheit nie anders schauen kann als im Bilde, sie nie anders erkennen, als durch Verehrung, durch freiwillige Unterordnung unter ihren Willen. Und was diese innere Stimme ihm zuruft, dieselbe Mahnung spricht ihm aus der Statue. Wie jenen trunkenen Kallisthenes in der Uhlandschen Ballade tiefe Scham ergreift beim Anblick der göttlichen Bacchusstatue, so geht hier unten in der geheimen Gruft dem Jüngling beim Anblick des ruhiggroßen Bildes die Erkenntnis auf, daß vollendetes Maß das Wesen des Göttlichen und Sittlichen ist, daß hier die Begierde, die rohe Kraft schweigt und sich willig dem geistigen Prinzip unterordnet, und die tiefste Scham überwältigt ihn, daß er diese Wahrheit verkannt hat. Und da wird ihm klar, daß er auf eine Probe gestellt worden ist, die er nicht bestanden hat. Diese freiwillige Unterordnung unter das geistig-sittliche Prinzip, unter den Willen der Gottheit, er hat sie nicht geleistet; er hat das Wesen der Gottheit verkannt. Jetzt zwar hat er die Wahrheit erfaßt, aber auf dem Wege schmerzlichster Erfahrung, durch Schuld ist er dahin gekommen, und diese Schuld drückt ihn zu Boden, und nie vermag er sich wieder aufzuraffen.

Denn er ist eine Feuerseele, die alles oder nichts will, eine halbe Erkenntnis gibt es für ihn nicht; ein Irren und Straucheln kann er nicht ertragen. Wer hübsch auf der Erde wandelt, kann fallen und wieder aufstehen, wer sich wie Euphorion in die Lüfte schwingt, wird beim Fall zerschmettert. Wagner bleibt fein geduldig, wo er nicht alles erkennen kann, und freut sich noch, daß wir's doch schon so herrlich weit gebracht haben; Faust setzt die Phiole an den Mund, als ihm das vernichtende Wort erschallt: „Du gleichst dem Geist, den

du begreiffst, nicht mir!" Die meisten Menschen leben ergeben
weiter, wenn ihre Ideale zusammenbrechen, und suchen und
finden vielleicht neue; Max Piccolomini sucht den Tod. Und
so gibt es auch für den Jüngling zu Saïs kein Wiederauf=
stehen von seinem Fall. Sein Versuch ist fehlgeschlagen, er hat
sein ganzes Vermögen auf einen Wurf gesetzt und ist nun
bankerott an Kraft und Selbstvertrauen. Die neue Erkennt=
nis, daß er sich hätte bescheiden sollen und müssen, kommt ihm
zu spät; leidenschaftlich wie sein Verlangen ist auch seine Reue.

So löst sich das Problem der Dichtung für den leicht,
der sich nur in die Gedankenkreise Schillers, in seine ganze
Weltanschauung einleben will. Maß und Selbstbescheidung,
Anmut und Würde, das sind auch hier die Stichworte.

Wird aber die Menschheit im großen und ganzen das
Ziel je erreichen, das dem Dichter vorschwebt, und das bis
jetzt, wie er selbst zugeben muß, nur stets von einzelnen an=
nähernd erreicht ist? Wird sie sich bescheiden lernen? Dieser
Gedanke ist der Gipfelpunkt des großen kulturhistorischen Ge=
dichts aus dieser Epoche, des Spaziergangs. Eine ein=
gehende Betrachtung dieser Dichtung kann nicht in meinem
Plan liegen; dazu gehört sie als Ganzes zu wenig in den
bis jetzt durchlaufenen Gedankenkreis. Aber die Schlußaus=
führungen stehen im engsten Zusammenhange damit, und um
zu diesen aus der rechten Richtung her zu gelangen, er=
scheint doch eine kurze Zusammenfassung des Vorhergehenden
geboten.

An die Aufeinanderfolge der Landschaftsbilder auf einem
Spaziergang und die dadurch erregten Stimmungen knüpft
der Dichter bekanntlich eine Gedankenreihe an, die die ganze
Entwicklung des Menschengeschlechts vom ersten Beginn der
Kultur an bis zu ihrer Selbstvernichtung zum Gegenstand hat.
In engster Verbindung erscheint der Mensch zuerst mit der
Natur; bewußtlos fast spielt sein Leben sich ab,

„Seine Wünsche beschränkt der Ernten ruhiger Kreislauf"

und unter demselben Gesetz der Notwendigkeit stehend wie die ganze ihn umgebende Natur, empfindet er das dumpfe Glück der Kindheit. Aber aus dieser Kindheit soll er zu bewußter Freiheit gelangen, aus der Abhängigkeit von der Natur zur Herrschaft über sie. Was dem Vereinzelten unmöglich war, gelingt den Verbundenen; vereint schaffen die Menschen sich Wohnsitze, die sie unabhängig machen von den Unbilden der Witterung, vom Tosen der Elemente, von der Raubgier wilder Tiere: die Stadt entsteht, der Staat. Ein fröhlicher Wetteifer belebt die Bürger; jeder einzelne treibt, was ihm am nächsten liegt, was er zu besonderer Vollkommenheit bringen kann: die Stände entstehen. Das Gefühl der Zusammengehörigkeit aber beherrscht alle. In mutigem Kampf für den heimischen Herd und das heimische Recht erstarkt es; gemeinsame Unternehmungen heben es mehr und mehr, Kolonien werden gegründet, Handel und Gewerbe blühen auf, reiche Mittel strömen ins Land, und in der Muße, die sie gewähren, blühen fröhlich die edlen Künste empor.

> Mit nachahmendem Leben erfreuet der Bildner die Augen,
> Und vom Meißel beseelt redet der fühlende Stein,
> Künstliche Himmel ruhn auf schlanken ionischen Säulen,
> Und den ganzen Olymp schließet ein Pantheon ein.

Mit den Künsten zugleich entwickelt sich die Wissenschaft:

> .... im stillen Gemach entwirft bedeutende Zirkel
> Sinnend der Weise, beschleicht forschend den schaffenden Geist,
> Prüft der Stoffe Gewalt, der Magnete Hassen und Lieben,
> Folgt durch die Lüfte dem Klang, folgt durch den Äther dem Strahl,
> Sucht das vertraute Gesetz in des Zufalls grausenden Wundern,
> Sucht den ruhenden Pol in der Erscheinungen Flucht.
> Körper und Stimme leiht die Schrift dem stummen Gedanken,
> Durch der Jahrhunderte Strom trägt ihn das redende Blatt.
> Da zerrinnt vor dem wundernden Blick der Nebel des Wahnes,
> Und die Gebilde der Nacht weichen dem tagenden Licht.

Den ruhenden Pol, — das einheitliche Prinzip, das Gesetz, das den unaufhörlichen Veränderungen um ihn her zu Grunde

liegt, sucht der Mensch überall, und er findet es. Was ihm
unberechenbare Willkür schien, sieht er jetzt einem Gesetz unter=
worfen, das er selbst entdeckt. Die Natur, die ihn einst ganz
beherrschte, deren Launen er preisgegeben war, vermag er nun
zu berechnen, sie in seinen Dienst zu zwingen. Was ihm be=
seelt erschien, ist seelenlos; blinde Kräfte herrschen da, wo einst
göttliche Gestalten wandelten; Jahrhunderte alter Aberglaube
bricht zusammen. Aber mit dem Aberglauben flieht auch der
Glaube, mit der Unbegreiflichkeit der Natur auch die Ehr=
furcht vor ihr.

> Seine Fesseln zerbricht der Mensch, der Beglückte! Zerriss' er
> Mit den Fesseln der Furcht nur nicht den Zügel der Scham!
> Freiheit! ruft die Vernunft, Freiheit! die wilde Begierde,
> Von der heil'gen Natur ringen sie lüstern sich los.

Der unmittelbaren Leitung der Natur durch den Instinkt
ist der Mensch längst entwachsen, äußerlich hat er die Herr=
schaft über sie angetreten. Aber die Naturgesetze sind zum
Teil auch sittliche Gesetze, darum spricht der Dichter von der
heiligen Natur, und der Herrschaft dieser Gesetze wird sich der
Mensch nie entziehen dürfen. Die ganze Natur predigt uns
die große Lehre, Maß zu halten; sie zeigt uns, wie jedes
Übermaß zerstörend, vernichtend wirkt. Der Regen, der sonst
alles fröhlich gedeihen läßt, schwemmt die fruchtbare Erde und
das eben erwachende Keimchen fort, wo er als Wolkenbruch
herniedersaust. Die Sonne, die Leben hervorlockt, wohin sie mit
ihren milden Strahlen dringt, ertötet dies Leben und ver=
nichtet ihr eigenes Werk, wenn sie ununterbrochen vom Himmel
herabsengt. Der Wind, der die Luft reinigt und Samen hier=
hin und dorthin trägt, wird zum wilden Zerstörer, wenn er
als Orkan in Meeren und Wäldern wütet. Wo Leben be=
stehen soll, muß Maß gehalten werden, und so hat auch der
Naturmensch, von untrüglichem Instinkt geleitet, Maß ge=
halten. An die Stelle dieses Instinkts soll bei dem mündig

gewordenen Menschen die freiwillige Unterordnung treten, er soll sich mäßigen, seine Begierden beherrschen können. Aber eben dazu ist er noch nicht reif. Mit der äußeren Herrschaft der Natur glaubt er auch die Herrschaft ihrer sittlichen Gesetze abschütteln zu können:

> Freiheit! ruft die Vernunft, Freiheit! die wilde Begierde,

alles will er wissen und erkennen, und alles will er genießen. Die Menschheit hat ihre Probe schlecht bestanden, wie der Jüngling zu Saïs. Aber die Natur läßt sich nicht ungestraft verachten. Der Mensch hat ihre warnende Stimme nicht hören wollen, jetzt schweigt sie ihm ganz. Es

> . . . . reißen im Sturm die Anker, die an dem Ufer
> Warnend ihn hielten, ihn faßt mächtig der flutende Strom,
> Ins Unendliche reißt er ihn hin, die Küste verschwindet.
> Hoch auf der Fluten Gebirg wiegt sich entmastet der Kahn,
> Hinter Wolken erlöschen des Wagens beharrliche Sterne,
> Bleibend ist nichts mehr, es irrt selbst in dem Busen der Gott.

Der Mensch hat sich ganz ausleben wollen, ohne Rücksicht auf Natur- und Sittengesetz, ohne Rücksicht auf die Stimme der Offenbarung in seinem Innern, die vernehmlich genug gesprochen, und so verstummt sie. Die Religion, die äußerlich darstellte, was diese Stimme ihn gelehrt, sinkt in sich zusammen; die heiligen Gewalten, durch die der Mensch sich bisher gebunden fühlte, verlieren ihre Macht über ihn durch jene alles zersetzende Skepsis, die so bezeichend für eine verfallende Epoche ist. Und damit schwindet die Sittlichkeit des Handelns:

> Aus dem Gespräch verschwindet die Wahrheit, Glauben und Treue
> Aus dem Leben, es lügt selbst auf der Lippe der Schwur.

Mit scharfem Stift entwirft uns der Dichter nun ein Bild der Zustände, wie sie unter den drei französischen Ludwigen geherrscht haben und wie sie überall dem Zusammenbruch vorausgehen. Ihr Merkmal ist die Maßlosigkeit aller

materiellen Lebensinstinkte, die frivole Verachtung aller sitt=
lichen Werte, der Mißbrauch der Kultur zur Befriedigung
raffinierter Genußsucht. Aber nicht ungestraft wird der bru=
talen Begierde der edelste geistige Besitz geopfert, nicht um=
sonst hat man die Schranken zerstört, die das Heiligtum
schützten. Einmal wird das Ungebändigte, das Gemeine im
Menschen stark genug geworden sein, um auch den letzten
Wall, den die Gewohnheit schließlich noch aufrichtete, zu durch=
brechen und alles, was Jahrhunderte geistiger Kulturarbeit
geschaffen haben, in sinnloser Wut zu zerstören.

> Jahrelang mag, jahrhundertelang die Mumie dauern,
> Mag das trügende Bild lebender Fülle bestehn,
> Bis die Natur erwacht, und mit schweren, ehernen Händen
> An das hohle Gebäu rühret die Not und die Zeit,
> Einer Tigerin gleich, die das eiserne Gitter durchbrochen
> Und des numidischen Walds plötzlich und schrecklich gedenkt,
> Aufsteht mit des Verbrechens Wut und des Elends die Menschheit,
> Und in der Asche der Stadt sucht die verlor'ne Natur.

Das also soll das Ende sein? Die Menschheit ist zur
höchsten Kultur emporgestiegen, nur um die schönen Blüten,
die sie gezeitigt, in sinnlosem Taumel dann selbst mit Füßen
zu treten? Schön ist dieser Schluß nicht, aber die Geschichte
lehrt uns, daß er wahr ist. Wohin wir sehen, ist das das
Ende. Vom grauen Altertum an blüht ein Kulturvolk nach
dem andern empor; Übermaß und Übermut kennzeichnen den
Gipfel seiner Entwicklung, dann folgt ein plötzlicher Fall, an
dem innere Haltlosigkeit und äußere Gewalt gleich viel Anteil
haben. Aber eben derselbe Blick in die Geschichte gibt uns
auch wieder einen Trost. An die Stelle des gesunkenen
Volkes tritt gleich wieder ein anderes, jugendlich frisches, das
noch treu an der Natur festhält und in unbeirrtem Instinkt
ihren Gesetzen folgt. Das ist auch des Dichters Trost, als
die ganze Reihe heiterer und trüber Bilder an ihm vorüber=
gezogen ist, und er sich mitten in der Wildnis findet.

Nur die Stoffe seh' ich getürmt, aus welchen das Leben
   Keimet, der rohe Basalt hofft auf die bildende Hand.
Brausend stürzt der Gießbach herab durch die Rinne der Felsen,
   Unter den Wurzeln des Baums bricht er entrüstet sich Bahn.
Wild ist es hier und schauerlich öd'. Im einsamen Luftraum
   Hängt nur der Adler und knüpft an das Gewölke die Welt.
Hoch herauf bis zu mir trägt keines Windes Gefieder
   Den verlorenen Schall menschlicher Mühen und Lust.
Bin ich wirklich allein? In deinen Armen, an deinem
   Herzen wieder, Natur, ach! und es war nur ein Traum,
Der mich schaudernd ergriff; mit des Lebens furchtbarem Bilde,
   Mit dem stürzenden Tal stürzte der finstre hinab.
Reiner nehm' ich mein Leben von deinem reinen Altare,
   Nehme den fröhlichen Mut hoffender Jugend zurück.
Ewig wechselt der Wille den Zweck und die Regel, in ewig
   Wiederholter Gestalt wälzen die Taten sich um.
Aber jugendlich immer, in immer veränderter Schöne
   Ehrst du, fromme Natur, züchtig das alte Gesetz!
Immer dieselbe, bewahrst du in treuen Händen dem Manne,
   Was dir das gaukelnde Kind, was dir der Jüngling vertraut,
Nährest an gleicher Brust die vielfach wechselnden Alter;
   Unter demselben Blau, über dem nämlichen Grün
Wandeln die nahen und wandeln vereint die fernen Geschlechter,
   Und die Sonne Homers, siehe! sie lächelt auch uns.

Der großartige Schluß des Gedichts wird meistens nur
auf die persönliche Stimmung des Dichters bezogen, der in
der Natur Trost sucht für den niederschmetternden Eindruck,
den ihm die Betrachtung der menschlichen Schicksale hinter-
lassen hat, eine Stimmung, die er einmal Lotte gegenüber in
Worten ausspricht, welche, poetisch umkleidet, auch hier wieder
anklingen. „Wie wohltätig," schreibt er ihr am 10. September
1789, „ist uns die Identität, dieses gleichförmige Beharren
der Natur! Wenn uns Leidenschaft, innerer und äußerer
Tumult lang genug hin und hergeworfen, wenn wir uns selbst
verloren haben, so finden wir sie immer als die nämliche
wieder, und uns in ihr. Auf unserer Flucht durch das Leben
legen wir jede genossene Lust, jede Gestalt unsres wandelbaren
Wesens in ihre treue Hand nieder, und wohlbehalten gibt sie

uns die anvertrauten Güter zurück, wenn wir kommen und sie wieder fordern."

Aber diese Beziehung auf den Dichter genügt uns nicht; wir suchen nach einem Abschluß für die in uns angeregte Vorstellungsreihe. Nicht von sich hat der Dichter im Spaziergang gesprochen; nicht ihn hat Leidenschaft, innerer und äußerer Tumult hin= und hergeworfen, sondern die Menschheit; nicht er braucht sich in der Natur wiederzufinden, sondern die Menschheit. Von ihr ist er ausgegangen, mit ihr muß er schließen. Und so gewährt denn auch die Schlußbetrachtung des Dichters einen Durchblick auf das Ganze; was er hier äußert, hat nicht nur Beziehung auf das Einzelwesen, sondern auf die ganze Menschheit, und findet erst hier seine rechte Erklärung. So gilt auch von der Menschheit, was er von sich sagt: auch sie nimmt immer wieder reiner ihr Leben vom reinen Altar der Natur, immer wieder den fröhlichen Mut hoffender Jugend zurück. Bis jetzt freilich hat sich, obwohl immer wieder frische Völker an die Stelle der abgelebten getreten sind, stets derselbe Kreislauf der Dinge erneut:

— — — — — — — — — in ewig
Wiederholter Gestalt wälzen die Taten sich um.

Wir brauchen nicht weit zu suchen nach Belegen. Die innerlich vermorschte babylonisch=persische Kultur bricht zusammen vor dem kräftigen Macedonier, der auch wieder bald der Üppigkeit verfällt und dem ersten Anprall unterliegt. — Unter der Wucht der starken Römer erliegt das verweichlichte Volk der Griechen und vermacht dem Sieger seine Kultur. Diese Kultur, ein fremdes Gewächs auf römischem Boden, wuchert üppig empor, um schon nach wenigen Jahrhunderten von Vandalenhänden geknickt zu werden. Gesunde, naturwüchsige Völker, die verachteten Barbaren, treten an die Stelle der alten Kulturvölker, um denselben Kreislauf der Dinge zu beginnen. Überall dasselbe Schauspiel: mit der elementaren

Kraft, mit dem engen Anſchluß an die Natur ſchwindet auch
der Inſtinkt für Maß und Sitte, und dem Übermaß folgt der
Umſturz von außen oder innen. Wird es je anders ſein?
Wird je ein Volk die Erfahrungen aller ſeiner Vorgänger ſich
zu nutze machen, wird es die große Wahrheit verſtehen und
befolgen lernen, daß nur das Maß, die freiwillige Unterord=
nung unter ſittliche und natürliche Geſetze, ſein Fortbeſtehen
ſichern kann? Der Dichter hat uns längſt an anderer Stelle
ſeinen unerſchütterlichen Glauben an ein ſolches Endziel dar=
gelegt; hier gibt er keine beſtimmte Antwort auf unſre Frage.
Aber er entläßt uns doch mit fröhlicher Hoffnung. Unerſchöpf=
lich iſt die Lebenskraft der Menſchheit, und immer reicher
werden die Offenbarungen, die ſie in der Natur ſelbſt findet.
An ihnen reift ſie heran vom Kinde zum Manne, immer und
immer wieder vernimmt ſie die große Predigt: „Beſcheidet
euch! haltet Maß,‟ und die Sonne Homers, die ſchon ein=
mal ein Volk gezeitigt, das dem Menſchheitsideal des Dichters
wenigſtens nahe kam, „ſiehe, ſie lächelt auch uns!‟ Warum
könnte ſie nicht, nachdem noch Geſchlechter auf Geſchlechter
unter dem nämlichen Blau, über dem nämlichen Grün dahin=
gewandelt ſind, endlich ein Geſchlecht erblühen ſehen, das tief
im Herzen das große Goetheſche Wort trägt: „Das ſchönſte
Glück des denkenden Menſchen iſt, das Erforſchliche erforſcht
zu haben und das Unerforſchliche ruhig zu verehren.‟ Dieſe
ruhige Verehrung wird Vernunft und Begierde im Zaum
halten; in ſchönſter Harmonie bewegen ſich Neigung und
Pflicht, und ſo wäre das Ideal verkörpert, das der Dichter
ſchon in den Künſtlern und wieder und wieder in ſeinen philo=
ſophiſchen Abhandlungen und den dahingehörigen Gedichten
aufgeſtellt hat: die Menſchheit wird beherrſcht vom Geſetz der
Harmonie; ſie gehorcht nicht widerwillig dem ſtarren Pflicht=
gebot, um ſich ihm bei erſter Gelegenheit zu entziehen: ihre
Sittlichkeit iſt eine gewollte, ihr Maßhalten ein freiwilliges,
und der Ausdruck ihrer Sittlichkeit iſt Anmut und Würde.

III.

Bis jetzt sind die Gedichte behandelt worden, die sich eng an den Gedankenkreis der Abhandlungen über Anmut und Würde und über das Erhabene anschließen; jetzt liegt der Gedankenkreis der Briefe über die ästhetische Erziehung des Menschen vor uns. In „Anmut und Würde" hatte der Dichter den von ihm gefundenen Schönheitsbegriff auf sein Lieblingsgebiet, das der sittlichen Ideen, angewandt; in den Briefen über die ästhetische Erziehung zieht er den Kreis weiter. Nicht nur auf moralischem Gebiet, sondern im ganzen Leben des Menschen soll die Schönheit, die Freiheit in der Erscheinung ist, Herrscherin sein und den Menschen in eine Gemütsstimmung versetzen, in der er aus der Höhe der Idee auf die Wirklichkeit herabzublicken vermag: das ist die Grund= idee dieser Briefe, die ich gleich hier vorausschicke, um sicherer zu entwickeln, wie man ein Ziel gern durch ein weithin sicht= bares Zeichen kenntlich macht, um dem Suchenden die Rich= tung zu geben.

Die Briefe sind also, wenigstens in ihrem ersten Teil, nichts anderes als eine philosophische Darlegung des Gedankens, der poetisch schon in den Künstlern entwickelt ist. Es soll hier auch der Vernunft als notwendig erwiesen werden, wofür sich das Gemüt schon willig begeistert hat; was der Dichter durch Intuition gefunden, will der Philosoph begründen.

So wenig nun zum Verständnis der Gedichte des vorigen Gedankenkreises ein Eingehen in die Beweisführung, in die

eigentliche philofophifche Spekulation der dahin gehörigen Ab=
handlungen nötig war, fo wenig auch hier. Die oft kraufe
und fchwerfällige Schulfprache, das System der äfthetifchen
Briefe hat mit unferer Gedankendichtung nichts zu tun; aber
es ift doch gut, wenn wir uns wieder vor der Betrachtung
der philofophifchen Gedichte die Ergebniffe vergegenwärtigen,
zu denen der Denker gelangt ift, oder beffer gefagt, wenn wir
uns in die Stimmung hineinzudenken verfuchen, die er als
Endrefultat der äfthetifchen Erziehung hinftellt, denn diefe
Stimmung ift Vorausfetzung für das Verftändnis der Ge=
dichte. Die Gedichte erzeugen nun freilich in jedem einiger=
maßen empfänglichen Gemüt diefe Stimmung von felbft; aber
bewußter, ficherer und tiefer wird fie doch, wenn wir den Weg
durchlaufen, der nach des Dichters Darftellung zu diefer
Stimmung als ihrem notwendigen Endrefultat führt. Eine
knappe Zufammenfaffung des Gedankenganges der äfthetifchen
Briefe gehört alfo zu meiner Aufgabe. Wir werden dabei auf
viel Bekanntes ftoßen, wie es denn überhaupt Schillers Eigen=
tümlichkeit ift, die nicht zahlreichen, aber großen und frucht=
baren Ideen, die fein ausfchließliches geiftiges Eigentum
find, wieder und wieder in neue Beleuchtung zu rücken.

Ein paar Worte über die Aufnahme, die die äfthetifchen
Briefe bei den Zeitgenoffen fanden, werden nicht unwefentlich
für die Orientierung fein. Sie ift nicht allzu günftig. Körner
zwar ift begeiftert[1]), auch Goethe ift lebhaft von ihnen er=
griffen[2]), von Herder aber fchreibt Schiller felbft[3]), er ab=
horriere fie als Kantfche Sünden und fchmolle ordentlich des=
wegen mit ihm. Die philofophifchen Schriftfteller von Fach
urteilen fehr darüber ab[4]); andere Rezenfenten tadeln, und

---

[1]) Brief Körners an Schiller vom 7. November 1794.
[2]) Brief Schillers an Körner vom 7. November 1794.
[3]) Ebendafelbft.
[4]) Rezenfion von Jakob in den Annalen der Philofophie 2c. Braun,
Schiller i. U. d. Z. II, S. 31.

nicht mit Unrecht, die schwerfällige Schulsprache, die erst einer
Übersetzung ins Deutsche bedürfe[1]). Humboldt, der persön=
lich den Wert der Briefe sehr hoch anschlägt, obwohl er den
Weg, den Schiller gewählt, für zu streng und zu abstrakt
hält[2]), berichtet am 15. August 1795 dem Freunde über die
Aufnahme der Abhandlung: „Über Ihre Briefe ist tiefes
Stillschweigen, wie natürlich. Jemand sagte mir nach dem
gewöhnlichen Tribut des Lobes, er verstehe sie nicht, und es
sei eine schlimmere Undeutlichkeit als z. B. in Kant. In
diesem lese man mit großer Schwierigkeit und bleibe bei jedem
Satze zweifelhaft stehen. Aber wenn man sich durchschlüge,
nun so wisse man deutlich, was man gelesen habe. Bei Ihnen
empfinge man sehr leicht jeden einzelnen Satz und glaube
alles gleich zu fassen; aber frage man sich hernach, was man
gelesen habe, so wisse man es nicht auszudrücken." Humboldt
fügt hinzu: „Im Grunde halte ich dieses Urteil für sehr wahr,
nur daß es mehr ein Urteil über den Leser, als über Sie ist.
Der Kantische Vortrag läßt sich, wie natürlich jeder rein dog=
matische, nachplappern, der Ihrige läßt sich nur nachdenken."

Die sich stets wiederholenden Klagen über die Undeutlich=
keit der Ausführungen Schillers sind nun trotz Humboldts
Urteil nicht ohne Grund. Diese Undeutlichkeit schwindet
aber, wenn wir erstens die technischen Ausdrücke des Dichters,
der sich in dieser Abhandlung genötigt glaubte, die Schul=
sprache der Philosophen zu reden, in die uns schon geläufigen
übertragen. Wissen wir beispielsweise einmal, daß wir unter
den etwas wunderlich erscheinenden Ausdrücken Formtrieb
und Stofftrieb nichts weiter zu suchen haben, als Vernunft
und Sinnlichkeit und unter dem Spieltrieb die Überein=
stimmung beider, so merken wir, daß wir uns auf dem be=
kannten Boden bewegen, den wir schon in Anmut und Würde
betraten. Diese Abhandlung und die übrigen kleinen philo=

---

[1]) Neue Bibl. rc. Braun II, S. 76.
[2]) Briefwechsel zw. Sch. u. H. 2. Ausg. S. 12.

sophischen Aufsätze sind nun zweitens für das Verständnis der Briefe durchaus nötig; mit ihrer Hilfe läßt sich alles erklären, was sonst unklar bliebe, und ihr Studium muß daher dem der ästhetischen Briefe vorangehen. Wer mit dem Gedankenkreise Schillers noch nicht vertraut ist, wird einige Schwierigkeiten beim Lesen dieser Briefe finden; wer diesen Gedankenkreis kennt, wird nur die Form zu zerbrechen haben, um die alten, längst liebgewordenen Ideen darunter wiederzufinden.

Der Dichter geht aus von einer Betrachtung über die politischen Zustände seiner Zeit und stellt die Behauptung auf, daß sie nur gebessert werden können durch eine Erziehung der Menschheit durch das Schönheitsgefühl. „Um das politische Problem zu lösen, muß man den Weg durch das ästhetische nehmen, weil es die Schönheit ist, durch welche man zur Freiheit wandert"[1]), so ist seine Auffassung. Wie der einzelne Mensch durch solche Erziehung aus einem unfreien zum freien wird, so soll auch aus dem Naturstaat — dem Staat der Not — der Vernunftstaat, der Staat der Freiheit werden. Dazu müssen die Triebe mit der Vernunft in Übereinstimmung gesetzt, der schöne Charakter muß erzeugt werden. Überall bewegen wir uns hier auf vertrautem Gebiet; dieselben Probleme beschäftigten den Dichter in den Künstlern und in der Abhandlung über Anmut und Würde. Hier wie da ist ihm der Künstler der Erzieher der Menschheit, die Schönheit sein Mittel. „Ehe noch die Wahrheit ihr siegendes Licht in die Tiefen der Herzen sendet, fängt die Dichtungskraft ihre Strahlen auf, und die Gipfel der Menschheit werden glänzen, wenn noch feuchte Nacht in den Tälern liegt." Aber der Philosoph will seine Annahme beweisen und glaubt doch, wie schon an anderer Stelle erörtert wurde, in der Geschichte Widersprüche zu finden gegen seinen Satz, daß die Schönheit den

---

[1]) 2. Brief.

Menschen erziehe; er glaubt, diese Widersprüche nur lösen zu
können durch eine schärfere Definition des Begriffes Schön=
heit, durch welche er die Idealschönheit von ihrer Erscheinung
in der Wirklichkeit trennt, um die Vorwürfe, die dieser gemacht
werden, für jene unwirksam zu machen. Hier beginnt der für
den nicht philosophisch gebildeten Leser unfruchtbarste Teil.
Um zu dem reinen Vernunftbegriff der Schönheit zu gelangen,
sucht der Philosoph zunächst den reinen Begriff der Mensch=
heit festzustellen und verliert sich, um seine Resultate aus den
ersten Gründen herzuleiten, in abstrakte Untersuchungen, die
für unsere Gedichte von gar keiner Bedeutung sind. Ich folge
ihm also hier nicht auf seinen verschlungenen Wegen, sondern
gebe nur das Endresultat seiner Untersuchungen. Die Schön=
heit, jetzt also die Idealschönheit, wird wieder auf den schein=
bar erschütterten Thron erhoben, denn auch auf rein abstraktem
Wege gelangt Schiller zu dem uns längst bekannten Satz:
„Es gibt keinen anderen Weg, den sinnlichen Menschen ver=
nünftig zu machen, als daß man denselben zuvor ästhetisch
mache“[1]); erst dadurch erlangt er nach seiner Auffassung die
freie Stimmung, die ihn für die Aufnahme der Wahrheit
empfänglich macht. Wie in den Künstlern entwickelt nun der
Dichter die Erziehung des bloß physischen zum ästhetischen
Menschen in allerdings mehr dichterisch=schöner als historisch=
überzeugender Weise. Es wird uns bei diesen Ausführungen
wie an vielen Stellen seiner historischen Abhandlungen klar,
wie sehr auch Schiller die Schwäche jener Zeit teilt, die uns
in Herders „Ideen“ in verstärktem Maße entgegentritt: aus
willkürlichen, rein subjektiven Begriffen die Geschichte rückwärts
konstruieren zu wollen, anstatt ruhig abzuwarten, bis die lang=
sam vorrückende Forschung ein Vorwärtsgehen von unten
herauf an der Hand unumstößlicher Tatsachen gestattet. Seine
Schilderung des Menschen im bloß physischen Zustand ist eine

---

[1]) 23. Brief.

Fiktion, die uns in den Künstlern, wo wir nur mit dem Dichter rechneten, lebhaft ergriff, die wir hier aber belegt zu sehen wünschten. Schon Humboldt erkannte klar, daß ein Naturstand, wie Schiller ihn hier annimmt, unmöglich ist.

Aber eben diese Stelle zeigt uns auch: des Dichters Weltanschauung ist aus einem Stück; seine Philosophie und seine Dichtung decken einander völlig, und wie anfechtbar überdies auch viele Einzelheiten seiner philosophischen Ausführungen sein mögen: die zu Grunde liegende Idee ist groß und wahr, und das ist doch schließlich das Entscheidende.

Der Dichter schildert uns nun den ästhetischen Staat, der das Endresultat der Erziehung des Menschen darstellen soll. Die Luft, die wir hier atmen, ist noch ein gut Teil dünner, ätherischer, als die in den Künstlern und für unsere an Erdenluft gewöhnten Atmungsorgane fast beängstigend.

Schön ist er freilich, dieser Staat des schönen Scheins — vom politischen Staat ist schon lange nicht mehr die Rede, da Menschen, wie sie uns hier geschildert werden, an die Bildung eines politischen Staates mit Kastengeist, Privilegien und Schranken gar nicht mehr denken würden. In diesem Staat wird kein Vorzug, keine Alleinherrschaft geduldet, alle Welt ist beglückt, weil die Schönheit alle Welt ihre Schranken vergessen läßt. Unter diesen ästhetisch durchgebildeten Menschen ist die Schwäche heilig, die nicht gebändigte Stärke entehrt; selbst der Haß merkt auf der Ehre zarte Stimme. Frei fühlt sich der Mensch von allem, was Zwang heißt, sowohl im Physischen als im Moralischen, weil seine innere, durch das Schönheitsgefühl erzogene Idealität ihn nichts anderes wollen läßt, als das Schöne, das mit dem Guten zusammenfällt.

Was wir bei den Künstlern unterließen, wo die Schönheit der Idee und die dichterische Einkleidung uns hinriß, fragen wir hier, wo wir mit dem Denker zu tun haben, mit Recht: ist solch ein Ziel denkbar? — Ist die Gesamtheit zu solcher Stimmung zu erziehen? Ist sie es auf dem hier mit

7*

solcher Zuversicht angewiesenen Wege? Einstweilen hat es
nicht den Anschein, und doch sind die ästhetischen Briefe nicht
umsonst geschrieben. Dem Bedürfnis nach existiert dieser
Staat, meint Schiller zum Schluß, in jeder feingestimmten
Seele, und in dem Wort liegt der Schlüssel zur Verwertung
der Briefe. Die Gesamtheit wird immer durch einzelne erzogen; was für die Gesamtheit einstweilen keinen Wert, auf
sie keine Beziehung hat, hat es für den einzelnen. Das Reich
des schönen Scheins, wie es der Philosoph, — des Ideals,
wie es der Dichter später nennt, kann in der Brust jedes einzelnen errichtet werden, dem Anlage und Bildungsgang die
Bausteine dazu in die Hand gegeben[1]). Die innere Idealität,
die der Menge einstweilen Geheimnis ist, der Gebildete soll
sie erwerben, um auf die Menge zu wirken, um sie auch ihr
zugänglich zu machen, wenn auch auf anderem Wege. Wir
beklagen den Realismus der Menge; er wäre nicht möglich
ohne den Realismus der Gebildeten. Nur wo der Gebildete
Idealist ist, kann der Idealismus zur Herrschaft gelangen.

Aber, so fragen wir nun billig, was haben wir denn
eigentlich ganz genau unter dieser inneren Idealität zu verstehen.

Hettner sagt darüber — und es ist das Beste, was gesagt werden kann: „Mühsam ringt Schiller, hier sowohl wie
in seinen philosophierenden Gedichten, nach einem treffenden
Ausdruck dieser verlangten inneren Idealität. Und es hat zu
den mannigfachsten und verwirrendsten Mißverständnissen An-
laß gegeben, daß es ihm nicht gelungen ist, ein solches Schlagwort zu finden. Aber der Begriff selbst ist klar und un-
zweifelhaft. Es ist der Begriff einer völligen Abwesenheit
aller Beschränkungen, Freiheit von Leidenschaft, Genuß des

---

[1]) „Mit diesen schönen Ideen kann man doch den Stoff nicht umbilden,
aus dem nun einmal die Menschen geformt sind; immer werden nur einige
einzelne gerettet werden“, schreibt Frau von Stein an Schillers Frau.
(Charl. v. Schiller und ihre Freunde, Bd. II, S. 299.)

Unendlichkeitsgefühls, die vollendete Versöhnung und Har=
monie aller Widersprüche und Gegensätze des Lebens; es ist
das freie Darüberstehen über aller Angst und Not des Jr=
dischen; es ist, wenn es erlaubt ist, ein schmählich entweihtes
Wort auf seine ursprüngliche Bedeutung zurückzuführen, die
göttliche Jronie, das feste Jnsichselbstruhen, es ist des Sieges
hohe Sicherheit, die von allen Erdenmalen frei ist und alle
Zeugen irdischer Bedürftigkeit von sich ausgestoßen hat; es ist
die volle und reine Menschlichkeit in der Seligkeit ungetrübter
göttlicher Heiterkeit und Ruhe." [1]

So weit Hettner. Seine Definition der Schillerschen
Jdealität ist, wie das bei der Art des zu definierenden Be=
griffs nicht anders sein kann, nur eine Umschreibung; nach
Gattungs= und Artbegriff in kurzen Worten feststellen läßt sie
sich ebensowenig wie andere Stimmungen und Gefühle, wie
denn ja auch der Apostel zur Definition der Liebe ein ganzes
Kapitel braucht. Aber daraus, daß sich diese Jdealität Schillers
nicht mit ein paar landläufigen Ausdrücken für jeden verständ=
lich hinstellen läßt, darf nicht etwa geschlossen werden, daß ihr
die geringste Unklarheit oder Unbestimmtheit anhafte. Wie
wir uns über den Begriff der Liebe aber erst klar werden
durch die Beziehung auf eine bestimmte Persönlichkeit, so über
die von Schiller verlangte innere Jdealität erst in Beziehung
auf bestimmte Lebensgebiete. Für die Anwendung auf das
sittliche Gebiet sind uns schon in den bisher besprochenen Ab=
handlungen Winke genug gegeben, um uns einen vorläufigen
Anhaltspunkt finden zu lassen; die Anwendung auf andere
Lebensgebiete macht Schiller in dem Gedicht das Jdeal und
das Leben, bei dessen Betrachtung also erst weitere Aus=
führungen, die ohne konkrete Grundlage sich nur in Allgemein=
heiten verflüchtigen würden, am Platz sind. Erst hier wird uns
völlig klar werden, was es mit dem Schillerschen Jdealismus

---

[1] Hettner, Literaturgeschichte des 18. Jahrhunderts. III. Teil, 3. Buch,
2. Abt. S. 174.

für eine Bewandtnis hat, und vor allen Dingen, welche Stellung er zum wirklichen Leben einnimmt; zu einer vorläufigen Orientierung darüber wird uns schon früher Gelegenheit werden.

Die Gedichte, die sich an den Gedankenkreis der ästhetischen Briefe anschließen, bilden eine Stufenfolge, die für den Dichter gewissermaßen Vergangenheit, Gegenwart und Zukunft darstellt. In dem ersten dieser Gedichte, die Ideale überschrieben, wirft er einen Rückblick auf vergangene Entwicklungsepochen; die zweite Stufe, die er jetzt erreicht hat, wird uns in Ideal und Leben geschildert. Derselbe Gegensatz, den diese beiden Gedichte zueinander bilden, wiederholt sich in den allerdings viel später entstandenen Dichtungen Pilgrim und Sehnsucht; ich schiebe sie ein, weil sie am besten geeignet sind, den Übergang von einer Stufe zur anderen zu vermitteln. Die dritte Stufe aber, die harmonische Gemütsstimmung vollendeter Idealität ohne die Gegensätze, in denen sich „Ideal und Leben" noch bewegt, ist nur durch einen Brief und ein Epigramm bezeichnet. Wir werden später die Gründe aufsuchen, die den Dichter bewegen mußten, auf eine poetische Darstellung solcher göttlichen Vollendung, auf ein solches Zukunftsidyll zu verzichten.

Mit den Idealen haben wir es also zunächst zu tun. Die Überschrift könnte irre führen. Der Dichter denkt hier durchaus nicht an das Reich des Ideals, das er in den ästhetischen Briefen und den späteren Gedichten schildert: das Wort ist hier einfach im Sinne des gewöhnlichen Sprachgebrauchs genommen; der Dichter beklagt den Untergang all der schönen Träume seiner Jünglingszeit, all der Hoffnungen und Entwürfe, die er einmal zu verwirklichen gedachte. Er steht auf der Grenze zwischen Jugend und Mannesalter; es wird ihm klar, daß die Ideale, die ihm bisher vorschwebten, Trugbilder waren, und diese Erkenntnis kommt ihm nicht ohne schmerzliche Empfindung:

So willst du treulos von mir scheiden
Mit deinen holden Phantasien,
Mit deinen Schmerzen, deinen Freuden,
Mit allen unerbittlich fliehn?
Kann nichts dich, Fliehende, verweilen,
O meines Lebens goldne Zeit?
Vergebens! deine Wellen eilen
Hinab ins Meer der Ewigkeit.

Erloschen sind die heitern Sonnen,
Die meiner Jugend Pfad erhellt;
Die Ideale sind zerronnen,
Die einst das trunkne Herz geschwellt;
Er ist dahin, der süße Glaube
An Wesen, die mein Traum gebar,
Der rauhen Wirklichkeit zum Raube,
Was einst so schön, so göttlich war.

so spricht der Dichter seinen Schmerz über den Verlust all
seiner phantastischen Träume aus, die ihm doppelt schön erscheinen, seit er sie als Träume erkannt. Er führt uns dann
näher ein in die Traumwelt, in welcher der Jüngling gelebt hat:

Wie einst mit flehendem Verlangen
Pygmalion den Stein umschloß,
Bis in des Marmors kalte Wangen
Empfindung glühend sich ergoß,
So schlang ich mich mit Liebesarmen
Um die Natur, mit Jugendlust,
Bis sie zu atmen, zu erwarmen
Begann an meiner Dichterbrust.

Und, teilend meine Flammentriebe,
Die Stumme eine Sprache fand,
Mir wiedergab den Kuß der Liebe
Und meines Herzens Klang verstand;
Da lebte mir der Baum, die Rose,
Mir sang der Quellen Silberfall,
Es fühlte selbst das Seelenlose
Von meines Lebens Widerhall.

Es dehnte mit allmächt'gem Streben
Die enge Brust ein kreisend All,
Herauszutreten in das Leben,
In Tat und Wort, in Bild und Schall.
Wie groß war diese Welt gestaltet,
So lang die Knospe sie noch barg;
Wie wenig, ach! hat sich entfaltet,
Dies Wenige, wie klein und karg!

Wie sprang, von kühnem Mut beflügelt,
Beglückt in seines Traumes Wahn,
Von keiner Sorge noch gezügelt,
Der Jüngling in des Lebens Bahn!
Bis an des Äthers bleichste Sterne
Erhob ihn der Entwürfe Flug;
Nichts war so hoch und nichts so ferne,
Wohin ihr Flügel ihn nicht trug.

Wie leicht ward er dahin getragen,
Was war dem Glücklichen zu schwer!
Wie tanzte vor des Lebens Wagen
Die luftige Begleitung her!
Die Liebe mit dem süßen Lohne,
Das Glück mit seinem goldnen Kranz,
Der Ruhm mit seiner Sternenkrone,
Die Wahrheit in der Sonne Glanz!

Die schönen Bilder der ersten Strophen sind uns bei Schiller sehr vertraut. Die Natur ist tot; der Dichter belebt sie, um sie lieben zu können. „Wer würde auch sonst," schreibt er einmal an Lotte[1]), „das ewige Einerlei ihrer Erscheinung ertragen, die ewige Nachahmung ihrer selbst. Nur durch den Menschen wird sie mannigfaltig, nur darum, weil wir uns verneuen, wird sie neu. Wie oft ging mir die Sonne unter, und wie oft hat meine Phantasie ihr Sprache und Seele geliehen! Aber nie, nie als jetzt hab ich in ihr meine Liebe gelesen. Bewundernswert ist mir doch immer die erhabene

---

[1]) Brief vom 10. September 1789.

Einfachheit und dann wieder die reiche Fülle der Natur. Ein einziger und immer derselbe Feuerball hängt über uns — und er wird millionenfach verschieden gesehen von Millionen Geschöpfen, und von demselben Geschöpf wieder tausendfach anders. Er darf ruhen, weil der menschliche Geist sich statt seiner bewegt — und so liegt alles in toter Ruhe um uns herum, und nichts lebt als unsere Seele." Aber diese Seele hat solche Fülle des Lebens, daß sie der ganzen Natur davon leihen kann und leihen muß, um überall das süße Gefühl der Sympathie zu empfinden, überall das Große wiederzufinden, das doch nur in der eigenen Brust lebt. Und dies Große verlangt nun nach Gestaltung. Eine Welt von Entwürfen drängt nach Verwirklichung, ein kreisend All dehnt des Jünglings Brust und droht sie zu zersprengen. Wie packend sind diese Bilder gerade hier, wo es gilt, den ungestümen Schöpfungsdrang des eben zum Selbstbewußtsein erwachenden Menschen zu schildern, der das Chaos gestalten möchte, und wie sehr verdiente die Dichter= und Rezensentenwelt jener Tage den Sprühregen der Xenien, wenn sie imstande war, diese Strophe folgendermaßen zu rezensieren: „Was für ein kreisendes All dehnt die Brust? ist es Deutsch, das All dehnt die Brust um herauszutreten? und wie vermag überhaupt eine Brust in Leben, Tat und Bild herauszutreten? Hat endlich je ein Dichter, außer Herrn Schiller, das Universum in einer Knospe verborgen gesehen?"[1] Das heißt, würde Lessing sagen, wie ein Gottschedianer kritisieren. Derselbe Rezensent stößt sich an dem großartigen Bilde der folgenden Strophe: „Bis an des Äthers bleichste Sterne erhob ihn der Entwürfe Flug." Es möchte kaum ein Bild geben, das die Schrankenlosigkeit jugendlicher Entwürfe besser veranschaulichte. Nichts, geradezu nichts gibt es, was die Jugend unerreichbar dünkte. Das Leben liegt so groß, so weit vor ihrer Phantasie, so schön

---

[1] Braun, Schiller im Urt. d. Zeitgenossen. Bd. II, S. 164.

vor allen Dingen! Alles, was die Dichter singen, alles, was
sie selbst in ihren schönsten Stunden träumt, das wird, das
muß sich gerade für den Träumer verwirklichen. Die Liebe wird
in sein Leben schöner, höher, größer treten als je zuvor; das
Glück wird gerade ihn mit seinen Gaben überschütten, der
Ruhm ihm seinen vollen Kranz auf die Stirn drücken, und
die Wahrheit, nach der die Menschheit ringt und strebt, die
wird er, gerade er, endlich finden. Das sind die Ideale, von
denen der Jüngling hier Abschied nimmt; auch er hat einmal
gehofft, Liebe, Glück, Ruhm und Wahrheit würden sein Leben
verherrlichen und ihn voll befriedigen. Aber seine Hoffnung
ist nicht in Erfüllung gegangen.

> Doch ach! schon auf des Weges Mitte
> Verloren die Begleiter sich,
> Sie wandten treulos ihre Schritte,
> Und einer nach dem andern wich.
> Leichtfüßig war das Glück entflogen,
> Des Wissens Durst blieb ungestillt,
> Des Zweifels finstre Wetter zogen
> Sich um der Wahrheit Sonnenbild.
>
> Ich sah des Ruhmes heil'ge Kränze
> Auf der gemeinen Stirn entweiht.
> Ach, allzuschnell, nach kurzem Lenze,
> Entfloh die schöne Liebeszeit!
> Und immer stiller ward's und immer
> Verlass'ner auf dem rauhen Steg;
> Kaum warf noch einen bleichen Schimmer
> Die Hoffnung auf den finstern Weg.

Zuerst verläßt ihn das Glück, das leicht zu entbehrende;
er lernt es verachten:

> Dem Schlechten folgt es mit Liebesblick,
> Nicht dem Guten gehöret die Erde.
> Er ist ein Fremdling, er wandert aus
> Und suchet ein unvergänglich Haus.

Aber dieses unvergängliche Haus, das er sucht, rückt vor seinen Blicken in immer weitere Fernen und verschwindet endlich wie eine Luftspiegelung: die Wahrheit, nach der er geforscht, die er der sehnenden Welt hatte verkünden wollen, sie ist ihm unerreichbar.

> Ihren Schleier hebt keine sterbliche Hand,
> Wir können nur raten und meinen.

Den Kranz des Ruhmes hat er zwar davongetragen, aber auch sie, die nur dem Tagesgeschwätz lauschen und um die Gunst der Menge buhlen, krönt der entadelte Lorbeer. Auch die Liebe war sein, aber nur kurze Zeit hat sie sein ganzes Leben ausgefüllt, nur kurze Zeit ihm volle Befriedigung gewährt, ihn über die Leere seines Daseins hinweggetäuscht. Jetzt gähnt ihn der Abgrund an, und mit müdem Schritt wandert er an seinem öden Rand dahin. Doch zwei Begleiterinnen findet er, die ihn zurücklenken auf sicheren Boden und ihn unvermerkt auf eine Höhe führen, von der er ein anderes hohes Ziel vor sich sehen soll, das ihm jetzt noch verborgen ist.

> Von all dem rauschenden Geleite
> Wer harrte liebend bei mir aus?
> Wer steht mir tröstend noch zur Seite
> Und folgt mir bis zum finstern Haus?
> Du, die du alle Wunden heilest,
> Der Freundschaft leise, zarte Hand,
> Des Lebens Bürden liebend teilest,
> Du, die ich frühe sucht' und fand.
>
> Und du, die gern sich mit ihr gattet,
> Wie sie der Seele Sturm beschwört,
> Beschäftigung, die nie ermattet,
> Die langsam schafft, doch nie zerstört,
> Die zu dem Bau der Ewigkeiten
> Zwar Sandkorn nur für Sandkorn reicht,
> Doch von der großen Schuld der Zeiten
> Minuten, Tage, Jahre streicht.

In unscheinbarem Gewande, unbeachtet, haben Freund=
schaft und Arbeit seinen Lebenswagen begleitet. Sein Blick
war bis jetzt nur auf die glänzenden Gestalten gerichtet, die
ihm vorangaukelten; nun sie verschwunden sind, faßt er die
treue Hand der anderen, die bei ihm ausharren, die ihn lang=
sam, langsam einer Zukunft entgegenführen, die vielleicht
weniger glänzend, aber von unendlich tieferem Gehalt ist als
die, welche er einst erträumt; die ihn von den zertrümmerten
Idealen in das Reich des Ideals führen. Die Freund=
schaft heilt mit leiser Hand seine Wunden und führt ihn zur
Menschenwelt zurück, und die unablässige geistige Beschäfti=
gung führt ihn langsam aufwärts in die Region der reinen
Formen. Sie klärt allmählich seinen Blick über seine Be=
stimmung; seine Gedanken richten sich vom eigenen Ich auf
die Menschheit. Bis dahin war er nur seinetwegen da, auf
sich selbst bezogen sich alle seine Entwürfe; ihn sollte das
Glück, ihn der Ruhm krönen, die Liebe ihn beglücken und die
Wahrheit seine Vernunft und seinen Ehrgeiz befriedigen; mit
dem glücklichen Egoismus der Jugend empfand sich der Jüng=
ling als Mittelpunkt der Welt. Der Mann schafft nicht mehr
für sich, sein Herz schlägt der ganzen Menschheit;

> seine Neigung ist
> Die Welt mit allen kommenden Geschlechtern.

Fest verbunden fühlt er sich der ganzen Gattung; er
fühlt, daß er mitzuarbeiten hat an der Lösung der großen
Schuld der Zeiten. Und worin besteht sie denn, diese Schuld der
Zeiten? Der Dichter hat in seiner akademischen Antritts=
rede die Antwort darauf gegeben. „Unser menschliches
Jahrhundert herbeizuführen“, so wendet er sich dort an seine
Zuhörer, „haben sich — ohne es zu wissen oder es zu erzielen
— alle vorhergehenden Zeitalter angestrengt. Unser sind alle
Schätze, welche Fleiß und Genie, Vernunft und Erfahrung im
langen Alter der Welt endlich heimgebracht haben. Aus der

Geschichte erst werden Sie lernen, einen Wert auf die Güter
zu legen, denen Gewohnheit und unangefochtener Besitz so gern
unsere Dankbarkeit rauben: kostbare, teure Güter, an denen
das Blut der Besten und Edelsten klebt, die durch die schwere
Arbeit so vieler Generationen haben errungen werden müssen.
Und welcher unter Ihnen, bei dem sich ein heller Geist mit
einem empfindenden Herzen gattet, könnte dieser hohen Ver-
pflichtung eingedenk sein, ohne daß sich ein stiller Wunsch in
ihm regte, an das kommende Geschlecht die Schuld zu ent-
richten, die er dem vergangenen nicht mehr abtragen kann?
Ein edles Verlangen muß in uns entglühen, zu dem reichen
Vermächtnis von Wahrheit, Sittlichkeit und Freiheit, das wir
von der Vorwelt überkamen und reich vermehrt an die Folge-
welt wieder abgeben müssen, auch aus unsern Mitteln einen
Beitrag zu legen und an dieser unvergänglichen Kette, die
durch alle Menschengeschlechter sich windet, unser fliehendes
Dasein zu befestigen. Wie verschieden auch die Bestimmung
sei, die in der bürgerlichen Gesellschaft Sie erwartet — etwas
dazusteuern können Sie alle! Jedem Verdienst ist eine Bahn
zur Unsterblichkeit aufgetan, zu der wahren Unsterblichkeit,
meine ich, wo die Tat lebt und weiter eilt, wenn auch der
Name ihres Urhebers hinter ihr zurückbleiben sollte." —
    Glückliche Jugend, die vom Katheder herab solche Welt-
anschauung erhielt! Als Endziel die sittliche Freiheit der Menschheit und als Mitarbeiter zu diesem Ziel jeder einzelne! Nicht
ein Wort kann gesprochen, nicht die geringfügigste Tat getan
werden, die darauf nicht Einfluß haben könnte! Ein jeder
Mensch steht in Wechselwirkung mit anderen, und nie vermag
er zu sagen, wie weit die Wellenbewegung gehen wird, die
ein gelegentlich in den Ozean geworfenes Steinchen veranlaßt,
welche Folgen dieses oder jenes Wort haben mag, ob es edle
oder unedle Impulse auslösen, aufwärts oder abwärts führen
wird. Wenn wir sehen, wie schnell in unserer Zeit, die durch
tausend äußere Mittel Wort und Tat in die weiteste Ferne

wirken läßt, eine Stimmung zur allgemeinen wird, wie schnell
ein Schlagwort, besonders, wenn es recht flach und gemein=
verständlich an das Ohr der Menge schlägt, ganzen Nationen
den Antrieb zum Handeln gibt, so können wir uns einen
Begriff von solcher Wechselwirkung, solcher gemeinsamen Arbeit
der Gattung machen, zugleich aber auch von der schweren Ver=
antwortung, die auf eines jeden Leben und Handeln ruht.
Ein jeder, sei er noch so gering, stehe er noch so sehr im all=
täglichsten Leben, arbeitet mit daran, die Schuld der Zeiten
abzutragen oder zu vergrößern. Nicht nur die gegenwärtige
Generation, sondern alle kommenden Geschlechter hängen ab
von unseren Gedanken, unseren Taten; wir alle bauen also
unbewußt mit am Bau der Ewigkeiten. Viele auch bewußt,
und zu diesen gehört Schiller von der Zeit an, wo ihm die
Jugendideale, die nur dem eigenen Glück dienen sollten, ver=
sinken, und vor seinem Blick die große Aufgabe der Mensch=
heit emporsteigt. Und als seinen Anteil dieser großen Auf=
gabe erkennt er: die Menschen wieder und wieder an ihre
Geistesbestimmung zu mahnen, an ihren göttlichen Beruf. Un=
bewußt hat er schon lange an dieser Aufgabe gearbeitet; von
jetzt ab tut er es mit vollem Bewußtsein, er erschließt ihr das
Reich des Ideals, das ihm unter ernster Arbeit selbst auf=
gegangen ist. Und die Wellenbewegung, die er veranlaßt,
bleibt nicht auf das Ufer beschränkt, wo er stand, nicht auf
die Zeit, da er lebte: in weiten Ringen wird sie fortgeführt
zu fernen Zonen und Zeiten. Schillers Idealismus hat der
Jugend der Freiheitskriege den Grundton ihrer Stimmung
gegeben, aus ihm hat sich der freiheitliche Enthusiasmus ge=
nährt, der der Mitte des 19. Jahrhunderts ihr Gepräge gibt.
Und wenn sich unsere Kulturideale heute in andere Formen
kleiden, so lebt doch in ihnen noch die befruchtende Macht
Schillerscher Weltanschauung fort.

Von der großen, freudigen Aussicht, die sich uns so er=
öffnet, zeigt nun zwar der Schluß des Gedichtes noch nichts;

er zeigt eine gewisse Resignation, die ganz in des Dichters
Absicht lag. Der Jüngling, der eben seine Ideale zu Grabe
getragen, der in stiller, ernster Geistesarbeit sie zu vergessen
sucht, kann noch nicht ahnen, daß ihm eben aus dieser Arbeit
etwas unendlich Größeres erblühen soll, als selbst seine jugend=
lichen Phantasien ihm zeigten, und so verteidigt der Dichter
den matten Schluß als notwendig gegen die Freunde. „Es
ist das treue Bild des menschlichen Lebens,“ schreibt er an
Humboldt, „mit diesem Gefühl der ruhigen Einschränkung
wollte ich meine Leser entlassen“;¹) und an Körner: „Die
Ideale sollten absichtlich schwächer endigen; denn sie sollen
ein treues Bild des Zustandes sein, den sie schildern: des
Rheins, der sich bei Leyden im Sande verliert; denn das ist
das gewöhnliche Schicksal idealischer Erwartungen.“²)

So hat denn der Dichter hier Abschied genommen von
der Vergangenheit und ihren zertrümmerten Idealen, von der
Hoffnung, je volle Befriedigung in der Wirklichkeit zu finden,
um uns später in „Ideal und Leben“ den Ersatz im Reich
der reinen Formen zu zeigen, den wir in jedem Augenblick
unseres Daseins ergreifen können.

— Der Gegensatz, den diese Gedichte bilden, wiederholt sich,
wie schon erwähnt, in den beiden kleinen Stimmungsbildern
Pilgrim und Sehnsucht. Der Pilgrim schließt sich an die
Ideale an, Sehnsucht leitet zu Ideal und Leben über und
gibt uns den Schlüssel zu seiner Grundstimmung.

Zunächst der Pilgrim.

> Noch in meines Lebens Lenze
> War ich, und ich wandert aus,
> Und der Jugend frohe Tänze
> Ließ ich in des Vaters Haus.

---

¹) 7. Sept. 1795 an Humboldt.
²) 8. Sept. 1795 an Körner.

All mein Erbteil, meine Habe
　Warf ich fröhlich glaubend hin
Und am leichten Pilgerstabe
　Zog ich fort mit Kindersinn.

Denn mich trieb ein mächtig Hoffen
　Und ein dunkles Glaubenswort,
Wandle, rief's, der Weg ist offen,
　Immer nach dem Aufgang fort,

Bis zu einer goldnen Pforten
　Du gelangst, da gehst du ein,
Denn das Irdische wird dorten
　Himmlisch, unvergänglich sein.

Abend ward's und wurde Morgen,
　Nimmer, nimmer stand ich still;
Aber immer blieb's verborgen,
　Was ich suche, was ich will.

Berge lagen mir im Wege,
　Ströme hemmten meinen Fuß,
Über Schlünde baut ich Stege,
　Brücken durch den wilden Fluß.

Und zu eines Stroms Gestaden
　Kam ich, der nach Morgen floß;
Froh vertrauend seinem Faden,
　Werf' ich mich in seinen Schoß.

Hin zu einem großen Meere
　Trieb mich seiner Wellen Spiel;
Vor mir liegt's in weiter Leere,
　Näher bin ich nicht dem Ziel.

Ach, kein Steg will dahin führen,
　Ach, der Himmel über mir
Will die Erde nie berühren,
　Und das Dort ist niemals hier!

Wenn uns das vorige Gedicht das Streben und Ringen
des jugendlichen Menschen nach Verkörperung seiner Ideale

schilderte und seine schmerzliche Enttäuschung, so greift dieses eine Besonderes heraus: das Streben nach voller Erkenntnis, nach Wahrheit. Früh schon hat dieser eine Gedanke: die Wahrheit zu erforschen, die Brust des Pilgrims erfüllt. Was ihm die Jugend an Lust geboten, hat er darum verschmäht; aber auch was er an tröstlichem Glauben besaß, das Erbteil frommer Väter, hat er als hinderlich fortgeworfen, in froher Zuversicht, selbst ergründen zu können, was ihm rätselhaft erscheint in Welt und Leben, das Geheimnisvolle selbst ergreifen und ihm ins Angesicht schauen zu können, dessen unsichtbare Gegenwart er schauernd empfindet, und das ihm nur in altheiligem, aber ihm nicht mehr genügendem Symbol geboten wird. Und so macht er sich auf den Weg, so stellt er sich den ewigen Fragen des menschlichen Denkens Auge in Auge gegenüber, immer in der unumstößlichen Gewißheit: du findest, was du suchst; am Ziel deiner Mühen ist das, was dich für alles belohnt, das Übersinnliche selbst wirst du schauen, und dein Leben wird fortan ein verklärtes sein. So kämpft er sich mutig durch, zunächst auf eigene Hand. Er erbaut sich Systeme, und wirft der Hauch des Zweifels seine stolzen Schöpfungen um, es kümmert ihn nicht, immer wieder richtet er das Zerstörte empor, hier nach besseren Stützen suchend, dort ein Stück des Fundaments erneuernd. Das wirkliche Leben mit seinen Forderungen weist er zurück; er will nichts von seinen Freuden, und seine Leiden fühlt er kaum; in stoischem Mut unterdrückt er alle Triebe menschlicher Natur, alle Leidenschaften, die ihn abziehen wollen; er kennt nur eine Leidenschaft: die für die Wahrheit. Und da scheint ihm ein Hoffnungsstern. Was er selbst nicht gefunden, wozu seine Kraft nicht reichte, das scheint ihm ein anderer zu bieten; er glaubt ein System entdeckt zu haben, das alle seine Zweifel löst, das ihm endlich volle Erkenntnis geben wird. Mit frohem Vertrauen folgt er dem Führer, der ihm die goldene Pforte erschließen soll; er arbeitet sich ein in die fremden Gedankenkreise, er ringt mit dem widerstrebenden Stoff, um des Geistes habhaft zu werden, — und am Schluß aller seiner Mühen schallt ihm doch wieder das Wort entgegen: Wir können nichts wissen, das Übersinn= liche entzieht sich unserer Erkenntnis.

> — — der Himmel über mir
> Will die Erde nie berühren,
> Und das Dort ist niemals hier!

so faßt der gereifte Dichter in wehmütiger Ergebung den Gedanken, den er einst als Julius in leidenschaftlicher Klage ausströmte, als Raphael ihn verlassen. „Wohin ich nur sehe, Raphael," ruft er aus, „wie beschränkt ist der Mensch! Wie groß der Abstand zwischen seinen Ansprüchen und ihrer Er= füllung! — O, beneide ihm doch den wohltätigen Schlaf! Wecke ihn nicht! Er war so glücklich, bis er anfing zu fragen, wohin er gehen müsse, und woher er gekommen sei. Die Ver= nunft ist eine Fackel in einem Kerker. Der Gefangene wußte nichts von dem Lichte, aber ein Traum der Freiheit schien über ihm, wie ein Blitz in der Nacht, der sie finsterer zurück= läßt. Unsere Philosophie ist die unglückselige Neugier des Ödipus, der nicht nachließ zu forschen, bis das entsetzliche Orakel sich auflöste:

> „Möchtest du nimmer erfahren, wer du bist!"

Ersetzt mir deine Weisheit, was sie mir genommen hat? Wenn du keinen Schlüssel zum Himmel hattest, warum mußtest du mich der Erde entführen? . . . . Raphael, ich fordere meine Seele von dir. Ich bin nicht glücklich. Mein Mut ist dahin. Ich verzweifle an meinen eigenen Kräften."

Die leidenschaftliche Klage, die fast wie ein unverständ= licher Laut an das Ohr der Gegenwart schlägt, die mehr mit dem kühlen Verstande, als mit dem Herzen arbeitet, ist ein charakteristischer Zug für das 18. Jahrhundert. Was hier nur dichterische Darstellung ist, greift mit erschütternder Tragik in

manches Leben jener Zeit ein. So ringt und grübelt mancher,
so verzichtet er auf die lockende Erde, auf alle Luft der Jugend,
um die ganze und volle Kraft dem edelsten Geisteskampf zu
bringen; was die Religion dem 16., das bedeutet die Philo=
sophie dem 18. Jahrhundert. Wir, die wir nicht verstehen,
daß Erkenntnis Seelenschmerz bedeutet, deren Studium kühle
Kopfarbeit ist, müssen uns an einem wirklichen Menschenleben
jener Zeit erst wieder klar machen, was solche Verzweiflung
über das Nichtwissenkönnen heißen will; sie ist es, die Heinrich
von Kleist rastlos über die Erde getrieben hat.

„Ich hatte als Knabe mir den Gedanken angeeignet,“
schreibt er an seine Braut, „daß Vervollkommnung der Zweck
der Schöpfung wäre; Bildung schien mir das einzige Ziel,
das des Bestrebens, Wahrheit der einzige Reichtum, der des
Besitzes würdig ist.“ Die Kantsche Philosphie nahm ihm die
Möglichkeit solches Besitzes: das Übersinnliche ist der Erkennt=
nis verschlossen, das Resultat bot ihm ihre unerbittliche Logik.
Von dem Augenblick an ist Lebenslust und Mut dahin. „Mein
einziges, mein höchstes Ziel ist gesunken,“ so klagt er, „und
ich habe nun keines mehr. Seit diese Überzeugung, nämlich
.daß hienieden keine Wahrheit zu finden ist, vor meine Seele
trat, habe ich nicht wieder ein Buch angerührt. Ich bin un=
tätig in meinem Zimmer umhergegangen, ich habe mich an
das offene Fenster gesetzt, ich bin hinausgelaufen ins Freie,
eine innerliche Unruhe trieb mich zuletzt in Tabagien und
Kaffeehäuser, ich habe Schauspiele und Konzerte besucht, um mich
zu zerstreuen; ich habe sogar, um mich zu betäuben, eine Tor=
heit begangen . . . .; und dennoch war der einzige Gedanke,
den meine Seele in diesem äußeren Tumulte mit glühender
Angst bearbeitete, immer nur dieser: dein einziges, dein
höchstes Ziel ist gesunken.“[1]

---

[1] Brief von Kleist an seine Braut Wilhelmine von Zenge vom 22. März
1801. (H. von Kleists Briefe an seine Braut, herausgegeben von Karl
Biedermann, Breslau, Schottländer 1884. S. 165.)

So ringt damals die geängstete Menschenseele, die geglaubt, die Wahrheit erfassen zu können; nur eine Sehnsucht kennt sie noch: Vergessenheit, Ruhe! Die selige Sicherheit der Jugendträume ist ein verscherztes Paradies; mit Neid sieht Kleist auf einen Betenden; eine unbeschreibliche Sehnsucht erfaßt ihn, sich neben ihn niederzuwerfen und zu weinen. „Nichts als Schmerzen gewährt mir dies ewig bewegte Herz," klagt er wieder, „das wie ein Planet unaufhörlich in seiner Bahn zur Rechten und zur Linken wankt, und von ganzer Seele sehne ich mich, wonach die ganze Schöpfung und alle immer langsamer und langsamer rollenden Weltkörper streben, nach Ruhe!¹)"

Das ist jene Zeit in jedem Laut.

Und nun die Lösung, die sie gefunden:

> Ach, aus dieses Tales Gründen,
> Die der kalte Nebel drückt,
> Könnt ich doch den Ausgang finden,
> Ach, wie fühlt' ich mich beglückt!
> Dort erblick' ich schöne Hügel,
> Ewig jung und ewig grün!
> Hätt ich Schwingen, hätt ich Flügel,
> Nach den Hügeln zög ich hin.
>
> Harmonien hör' ich klingen,
> Töne süßer Himmelsruh,
> Und die leichten Winde bringen
> Mir der Düfte Balsam zu.
> Goldne Früchte seh' ich glühen,
> Winkend zwischen dunkelm Laub,
> Und die Blumen, die dort blühen,
> Werden keines Winters Raub.
>
> Ach, wie schön muß sich's ergehen
> Dort im ew'gen Sonnenschein!
> Und die Luft auf jenen Höhen —
> O, wie labend muß sie sein!

---

¹) Kleist an seine Braut, 9. April 1801. Ebenda S. 173.

Doch mir wehrt des Stromes Toben,
  Der ergrimmt dazwischen brauſt;
Seine Wellen ſind gehoben,
  Daß die Seele mir ergrauſt.

Einen Nachen ſeh' ich ſchwanken,
  Aber, ach, der Fährmann fehlt!
Friſch hinein und ohne Wanken!
  Seine Segel ſind beſeelt.
Du mußt glauben, du mußt wagen,
  Denn die Götter leih'n kein Pfand;
Nur ein Wunder kann dich tragen
  In das ſchöne Wunderland.

Was dem Realiſten Kleiſt nicht aufgehen konnte, das iſt
dem Idealiſten Schiller aufgegangen unter der ernſten Geiſtes=
arbeit, die uns der Schluß der Ideale andeutet, die ſiegende
Gewißheit nämlich:

Was kein Ohr vernahm, was die Augen nicht ſahn,
Es iſt dennoch das Schöne, das Wahre.

Aber

Es iſt nicht draußen, da ſucht es der Tor,
Es iſt in dir, du bringſt es ewig hervor.

Die Verwirklichung unſerer Ideale im realen Leben iſt
nach jeder Richtung hin unmöglich. Die Wahrheit können
wir nicht erfaſſen, dem Sittengeſetz nie völlig genügen, unſere
Ideen nie ganz rein in Wort und Bild verkörpern, und ſo wird
uns nirgends im Reiche des wirklichen Lebens volle Befriedi=
gung geboten, nie kommt der Moment, wo unſere Idee und
ihre Verkörperung reſtlos in einander aufgehen. Dieſe volle
Befriedigung aber ſteht uns doch in jedem Moment unſeres
Daſeins zu Gebote. Das Land voll ewigen Sonnenſcheins liegt
da, liegt vor uns, wir können es erreichen, ſo wie wir nur
den Strom durchſchiffen, deſſen Wellen ſich drohend erheben;
ſobald wir alle „Angſt des Irdiſchen" hinter uns laſſen, ſo=

bald es uns gelingt, all der aus unsrer Erdgebundenheit
stammenden äußeren und inneren Mächte Herr zu werden,
die uns in ihre trüben Wirbel ziehen wollen. Nur ein führer=
loser Nachen bringt uns hinüber, die kühn wagende Phantasie,
die Fähigkeit der Hingabe an große Eindrücke oder an die
innere Stille der Selbstbesinnung, in der uns der Wieder=
klang des Ewigen hörbar wird. Durch sie ist uns das
wunderbare Land des Dichters erschlossen. Hier finden wir
alles das, was uns die Welt draußen nicht geben kann.
Aber wir müssen absehen von jeder sicheren Bürgschaft:

> Du mußt glauben, du mußt wagen,
> Denn die Götter leihn kein Pfand.

Der Forscher nach Wahrheit versenkt sich wohl auch in
das eigene Innere, er weilt auch im Lande der Ideen, aber
er nimmt einen Führer mit, den rechnenden Verstand, der
Schluß an Schluß reihen soll und ihm das Übersinnliche in
eine Formel faßt. Aber Formel ist Stoff, und das Stoff=
liche widerstrebt dem Geist:

> Du kerkerst den Geist in ein tönend Wort,
> Doch der freie wandelt im Sturme fort.

Will er die Wahrheit fassen, wenn auch für Momente
nur, so lausche er still der Offenbarung seines Innern, der
Stimme des Sittlichen in seiner Brust, dem Schauer, mit
dem ihn große und heilige Gedanken erfüllen, der frommen
Ahnung, die sein Gemüt beim Anblick des Schönen durchbebt.
Und wenn ihn dann die Stimmung des Ganymed ergreift:

> Ich komme, ich komme!
> Wohin? ach wohin?

so tönt ihm dieselbe Antwort:

> Hinauf, hinauf strebt's.
> Es schweben die Wolken
> Abwärts, die Wolken
> Neigen sich der sehnenden Liebe.

Und in dieser tief=religiösen Stimmung, die sich freilich
auf keine Formel bringen läßt, offenbart sich ihm die Wahr=
heit, die Gottheit, die ihm nun unmittelbar gewiß ist, viel
gewisser, als wenn der Verstand sie ausgerechnet. Hier ist der
Friede, den er gesucht; die Verheißung, die dem Pilgrim wurde von
einem goldenen Reich, wo das Irdische himmlisch, unvergänglich
sein würde, für den Glaubenden ist sie in Erfüllung gegangen.

Der Gegensatz zum Pilgrim und damit die Anwendung
unserer Allegorie auf das Gebiet religiöser Ideen lag am
nächsten, aber damit ist sie nicht etwa erschöpft. Das Reich,
von dem der Dichter spricht, wird nicht nur in Momenten
religiöser Erhebung betreten, sondern in jedem Augenblick, in
dem die Götterkraft der Phantasie den Geist über die Grenzen
der Sinnenwelt erhebt. Wir weilen dort, wenn ein großes
Kunstwerk uns hinreißt, ein tiefer Gedanke uns fesselt,
ein Gespräch uns über die Schranken der Stunde hinaus=
hebt; wenn uns die ruhige Betrachtung der Natur in jene
leidenschaftslose, hohe Stimmung versetzt, in der wir nach
Jeans Pauls Bild die Welt wie ein eingeschrumpftes Kinder=
gärtchen unter uns sehen; in jedem Augenblick, in dem wir
das Kleine klein und das Große groß erblicken. Solche Stim=
mungen dauern nicht an; sie können es nicht und brauchen es
auch nicht. Der versteht Schiller sehr falsch, der da meint, er
verlange von uns eine Abwendung vom wirklichen Leben, ein
Aufgehen in der reinen Betrachtung, die energisches Handeln
in der Wirklichkeit ausschlösse. Er möchte freilich die Mensch=
heit zuletzt zu einer Lebensauffassung gelangen sehen, bei
welcher das Ideal das Leben regiert, bei der man die
Ehre über den Besitz, den Gedanken über den Genuß, den
Traum der Unsterblichkeit über die Existenz triumphieren sieht;
bei welcher ein Olivenkranz höher als ein Purpurkleid ehren
wird.[1]) Aber um dahin zu gelangen, bedarf es des Kämpfens,
des Ringens im wirklichen Leben.

[1]) Über die ästhetische Erziehung des Menschen. 26. Brief.

Es kann die Luft der goldnen Ernte
Im Sonnenbrande nur gedeihn,
Und nur in seinem Blute lernte
Der Kämpfer, frei und stolz zu sein.

Nur ein falscher Idealismus könnte das verkennen, und Schiller verkennt es nicht; den deutlichsten Beweis dafür wird uns Ideal und Leben geben. Nicht aufgehen sollen wir also im Reich der Ideen,

Denn mit Göttern
Soll sich nicht messen
Irgend ein Mensch.

Aber auch der Erde sollen wir unsere Seele nicht verkaufen. Zu einem Atemzug im reinen Äther da oben sollte jeder Tag Zeit bieten; zu einem Gespräch, das über den lieben Nächsten hinausgeht, zu einem Blick in einen Dichter, auf ein Kunstwerk, in die Natur, die das eigene Leben in großen, ewigen Akkorden mittönt; zu einer Empfindung, einem Innewerden des Göttlichen. Aus solchen Augenblicken fließt Mut und Tatkraft für alle anderen, und wenn wir einmal die Summe unseres Lebens ziehen, so werden sie unter den Hauptziffern stehen. Wir sollen streben und kämpfen als Kinder der Erde, in der Sonne; wir sollen aber auch nie vergessen, daß wir Geist sind und eine ewige Geistesheimat haben, in die wir wenigstens auf Augenblicke flüchten können und reine Lebensluft atmen. Das will uns der Dichter beherzigen lassen:

Wo du auch wandelst im Raum, es knüpft dein Zenith und Nadir
An den Himmel dich an, dich an die Achse der Welt.
Wie du auch handelst in dir, es berühre den Himmel der Wille,
Durch die Achse der Welt gehe die Richtung der Tat.

*   *   *

Das erste der Gedichte aus dem Gedankenkreis der Briefe über die ästhetische Erziehung des Menschen, „die Ideale", schloß mit der Vergangenheit ab, mit der Zeit, in der nichts so hoch und nichts so ferne scheint, daß der jugendliche Geist es nicht zu erreichen dächte, in der der Mensch noch an eine Verwirklichung seiner Ideale auf Erden glaubt, an eine völlige Befriedigung durch Glück, Ruhm und Liebe, an die Möglichkeit, die Wahrheit zu erfassen. Diese Zeit ist dahin „mit ihren holden Phantasien". Der stürmende Jüngling hat sich in ruhiger Ergebung in enge Grenzen zurückgezogen. In stiller, unscheinbarer Geistesarbeit klärt er die eigenen Gedankenkreise, und aus dieser Arbeit erwächst ihm ein ungeahnter Segen: was er draußen gesucht hat, findet er in der eigenen Brust. Das Reich des Ideals steigt vor ihm auf als ein wunderbares Land in ewigem Sonnenschein, und der müde Pilger läßt sich im Nachen der Phantasie hinübergleiten, um von dort die Wirklichkeit in verklärtem Lichte liegen zu sehen.

In dem Gedicht das Reich der Schatten oder, wie es jetzt heißt, das Ideal und das Leben führt der Dichter die hier angedeuteten und bei der Betrachtung von Pilgrim und Sehnsucht schon erörterten Gegensätze weiter aus; hier zeigt er uns die Möglichkeit, in jedem Augenblick das Wirkliche zu verklären, unserm täglichen Arbeiten und Ringen eine ideale Grundstimmung zu geben.

Am 9. August 1795 sandte Schiller dies Gedicht an Humboldt mit den Worten: „Wenn Sie diesen Brief erhalten, liebster Freund, so entfernen Sie alles, was profan ist, und lesen in geweihter Stille dieses Gedicht. Haben Sie es gelesen, so schließen Sie sich mit Ihrer Frau ein und lesen es ihr vor. Es tut mir leid, daß ich es nicht selbst kann, und ich schenke es Ihnen nicht, wenn Sie einmal wieder hier sein werden. Ich gestehe, daß ich nicht wenig mit mir zufrieden bin, und habe ich je die gute Meinung verdient, die Sie von mir haben und deren Ihr letzter Brief mich ver=

ficherte, so ist es durch diese Arbeit. Um so strenger muß aber
auch Ihre Kritik sein. Es mögen sich gegen einzelne Ausdrücke
wohl noch Erinnerungen machen lassen, und wirklich war ich
selbst bei einigen im Zweifel; auch könnte es leicht sein, daß
ein anderer, als Sie und ich, noch einiges deutlicher gesagt
wünschte. Aber nur, was Ihnen noch zu dunkel scheint, will
ich ändern; für die Armseligkeit kann ich meine Arbeit nicht
berechnen." . . . Aus der sehr eingehenden Antwort Humboldts[1])
nur einige Sätze: „Wie soll ich Ihnen, liebster Freund," schreibt
er, „für den unbeschreiblich hohen Genuß danken, den mir Ihr
Gedicht gegeben hat. Es hat mich seit dem Tage, an dem
ich es empfing, im eigentlichsten Verstande ganz besessen, ich
habe nichts anderes gelesen, kaum etwas anderes gedacht, ich
habe es mir auf eine Weise zu eigen machen können, die mir
noch mit keinem anderen Gedichte gelungen ist, und ich fühle
es lebhaft, daß es mich noch sehr lang und anhaltend beschäftigen wird. . . . Es trägt das volle Gepräge Ihres Genies
und die höchste Reife und ist ein treues Abbild Ihres Wesens.
Jetzt, da ich vertraut mit ihm geworden bin, nahe ich mich
ihm mit denselben Empfindungen, die Ihr Gespräch in Ihren
geweihtesten Momenten in mir erweckt. Derselbe Ernst, dieselbe Würde, dieselbe aus einer Fülle der Kraft entsprungene
Leichtigkeit, dieselbe Anmut und vor allem dieselbe Tendenz,
dies alles wie zu einer fremden, überirdischen Natur in eins
zu verbinden, leuchtet daraus hervor. Indes habe ich mich
nicht durch seine hohe, überraschende Schönheit zu einem Entzücken hinreißen lassen, das die Prüfung verwehrte. Auch ist
es für einen solchen Eindruck nicht gemacht, und schwerlich
ergründete der seinen tiefen Sinn, auf den es so wirkte. Man
muß es erst durch eine gewisse Anstrengung verdienen, es be-
wundern zu dürfen; zwar wird jeder, der irgend dafür empfänglich ist, auch beim ersten aufmerksamen Lesen den Gehalt

---

[1]) Vom 21. August 1795.

und die Schönheit jeder Stelle empfinden, aber zugleich drängt sich das Gefühl auf, bei diesem Gedichte nicht anders als in einer durchaus verstandenen Bewunderung ausruhen zu können. . . . . Daß dies Gedicht nur für die Besten ist und im ganzen wenig verstanden werden wird, ist gewiß. Aber wie man es mit dieser Art Undeutlichkeit zu halten hat, darüber sind wir ja längst einig; und zu den Besten ist hier doch jeder zu rechnen, der einen guten, gesunden Verstand mit einem offnen Sinn und einer reizbaren Phantasie verbindet."

Es ist nicht ohne Absicht, daß ich die eigenen Worte des Dichters und die seines feinsinnigsten Beurteilers vorangeschickt habe: sie sollen uns aus dem kühlen Luftzug der Gegenwart in den warmen Glanz jener Tage zurückversetzen, aus der Zeit der naturwissenschaftlichen in die Zeit der idealistischen Weltanschauung. Es ist mit diesem Hohenlied des Idealismus nicht anders wie mit jedem andern Evangelium; wir müssen schon mit einer gewissen Wärme der Auffassung herantreten, um seine Wirkung rein und voll zu empfinden, müssen uns in die Besonderheit der Schillerschen Lebensanschauung mit ihrem nach der ethischen Seite so stark betonten Pathos hineinfühlen, um die künstlerische Befreiung, wie er sie in diesem Gedicht schildert, nacherleben zu können. Das volle Verständnis für diesen im eigentlichen Sinne weltüberwindenden Idealismus war aber selbst im 18. Jahrhundert, das äußerlich seine Signatur trägt, nur wenigen gegeben, und so ging denn auch Humboldts Voraussage, daß das Gedicht von wenigen verstanden werden würde, in Erfüllung. Nur die engsten Freunde, die ganz in Schillers Gedankenkreise eingelebt sind, lassen ihm volle Gerechtigkeit widerfahren; bei den meisten andern Beurteilern finden wir entweder eine ganz oberflächliche Auffassung — „Es interessiert durch sein malerisches Helldunkel" ist beispielsweise die ganze Kritik in genau sechs Worten, welche die Zeitschrift Deutschland zu liefern weiß[1]) —, oder die sonder-

[1]) Braun, Schiller im Urteil seiner Zeitgenossen, II. Teil, S. 180.

barsten Mißverständnisse. Selbst A. W. Schlegel, der eine
eingehende und sehr günstige Rezension für die Allgemeine
Literaturzeitung liefert, sieht in den Schatten Gestalten aus
Elysium[1]), und in Berlin hält man allgemein der Überschrift
wegen das Gedicht für eine Darstellung des Totenreichs[2]).
Der Dichter änderte wohl um solcher Mißverständnisse willen
das Reich der Schatten zunächst in ein Reich der Formen
um. Für die zweite Ausgabe seiner Gedichte erst gab er ihm
den entschieden glücklicheren Titel: Das Ideal und das
Leben.

Treten wir nun an das Gedicht selbst heran.

Die ersten sechs Strophen geben die Exposition, die Haupt=
idee, aus der nachher alles übrige verständlich wird. Ich
rechne zu diesen Strophen eine jetzt ausgemerzte, die zwischen
der ersten und jetzigen zweiten stand und im Ausdruck ver=
schiedene Unklarheiten bietet, aber eigentlich als Übergangsstrophe
unentbehrlich erscheint.

> Ewigklar und spiegelrein und eben
> Fließt das zephyrleichte Leben
> Im Olymp den Seligen dahin.
> Monde wechseln und Geschlechter fliehen;
> Ihrer Götterjugend Rosen blühen
> Wandellos im ewigen Ruin.
> Zwischen Sinnenglück und Seelenfrieden
> Bleibt dem Menschen nur die bange Wahl;
> Auf der Stirn des hohen Uraniden
> Leuchtet ihr vermählter Strahl.
>
> (Führt kein Weg hinauf zu jenen Höhen?
> Muß der Blume Schmuck vergehen,

---

[1]) Rezens. d. Allg. Lit.=Ztg., Jena und Leipzig 1796, 4., 5., 6. Januar.
Brauu, II., S. 104. Vgl. dazu Schillers Brief an Humboldt vom 25. Jan. 1796.
[2]) Schiller an Humboldt 30. Nov. 1795. Humboldt meint freilich später
(Brief v. 11. Dez. 1795), das Mißverständnis mit dem Schattenreich sei doch
nur hier und da vorgekommen, obwohl er gerade die frühere Nachricht an
Schiller gesandt hat.

Wenn des Herbstes Gabe schwellen soll?
Wenn sich Lunens Silberhörner füllen,
Muß die andre Hälfte Nacht umhüllen?
Wird die Strahlenscheibe niemals voll?
Nein, auch aus der Sinne Schranken führen
Pfade aufwärts zur Unendlichkeit,
Die von ihren Gütern nichts berühren,
Fesselt kein Gesetz der Zeit.)

Wollt ihr schon auf Erden Göttern gleichen,
Frei sein in des Todes Reichen,
Brechet nicht von seines Gartens Frucht!
An dem Scheine mag der Blick sich weiden;
Des Genusses wandelbare Freuden
Rächet schleunig der Begierde Flucht.
Selbst der Styx, der neunfach sie umwindet,
Wehrt die Rückkehr Ceres' Tochter nicht;
Nach dem Apfel greift sie, und es bindet
Ewig sie des Orkus Pflicht.

Nur der Körper eignet jenen Mächten,
Die das dunkle Schicksal flechten;
Aber frei von jeder Zeitgewalt,
Die Gespielin seliger Naturen,
Wandelt oben in des Lichtes Fluren,
Göttlich unter Göttern, die Gestalt.
Wollt ihr hoch auf ihren Flügeln schweben,
Werft die Angst des Irdischen von euch!
Fliehet aus dem engen, dumpfen Leben
In des Ideales Reich!

Jugendlich, von allen Erdenmalen
Frei, in der Vollendung Strahlen,
Schwebet hier der Menschheit Götterbild,
Wie des Lebens schweigende Phantome
Glänzend wandeln an dem styg'schen Strome,
Wie sie stand im himmlischen Gefild,
Ehe noch zum traur'gen Sarkophage
Die Unsterbliche heruntersieg.
Wenn im Leben noch des Kampfes Wage
Schwankt, erscheinet hier der Sieg.

Nicht vom Kampf die Glieder zu entstricken,
Den Erschöpften zu erquicken,
Wehet hier des Sieges duft'ger Kranz.
Mächtig, selbst wenn eure Sehnen ruhten,
Reißt das Leben euch in seine Fluten,
Euch die Zeit in ihren Wirbeltanz.
Aber sinkt des Mutes kühner Flügel
Bei der Schranken peinlichem Gefühl,
Dann erblicket von der Schönheit Hügel
Freudig das erflog'ne Ziel.

Die selige Ruhe der olympischen Götter ist dem Dichter das passendste Gleichnis für die Stimmung, die im Reiche des schönen Scheins herrscht, in das er uns führen will. Diese selige Ruhe stammt aus der Einheit von Sollen und Wollen, von Pflicht und Neigung. Solche Einheit ist dem natürlichen Menschen nicht eigen; seine Sinne ziehen ihn nach der einen, sein geistiges Ich nach der anderen Seite. Zwei Blumen sind ihm geboten: Hoffnung und Genuß: „Wer dieser Blumen eine brach, begehre die andre Schwester nicht," läßt der Dichter den Genius in seiner „Resignation" ausrufen. „Genieße, wer nicht glauben kann. Wer glauben kann, entbehre." Wer dem Sinnengenuß sich hingibt, verzichtet auf den Frieden der Seele, und wer diesen sucht, sperrt sich in finstrer Askese wie der Mönch des Mittelalters von der schönen Welt und ihren Freuden ab. Aber sollte es keinen Weg für den Menschen geben, keinen, um aus diesem unseligen Zwiespalt herauszukommen? Sollte er die Vereinigung von Sinnenglück und Seelenfrieden nie erreichen können, nie den Olymp der Seligen betreten? Doch, es gibt einen Weg, aber es ist nicht der Weg des Mönchs. Der ängstigt seiner Sinnlichkeit stete Opfer ab, die sie ihm unwillig leistet. Er verzichtet auf die Genüsse der Welt, aber unter unablässigem Kampf. Er schließt sich ab, nm nichts von alledem zu sehen, was seinen schwer errungenen Seelenfrieden stören, seine Sinnlichkeit aufs neue reizen könnte, und eben diese Abschließung

kennzeichnet ihn als Unfreien. Es gibt eine andre Art von Welt=
entsagung, die zugleich die höchste Weltbejahung ist. Mitten im
Leben, mitten unter alledem, was die Sinnlichkeit reizt und
lockt, können wir uns über die Sinnenwelt erheben, in das
Reich der reinen Formen, wo das Irdische seine Herrschaft
über uns verliert. Mag die Fähigkeit dazu aus philosophischer
Gedankenarbeit erwachsen, mag sie auf religiösem Grunde
ruhen oder auf künstlerischer Empfänglichkeit — gemeinsam ist
die Entrückung in jene Welt der Gedanken, Empfindungen,
Formen, die als innere Realität, wie die platonischen Ideen,
hinter der Wirklichkeit steht: jene Welt, die dem 18. Jahr=
hundert vertrauter war als uns, die Welt, in der Siebenkäs
lebt, während ihm Lenettes Staubbesen um die Füße fährt.
Die Höhenstimmung solcher Augenblicke verfliegt wohl wieder,
aber bei wem sie häufig wiederkehrt, bei dem wird sie schließ=
lich zur Grundstimmung werden, die ihm für die Dinge der
Alltäglichkeit die richtige Perspektive gibt. Und darin liegt
zugleich die Unmöglichkeit, die Frucht aus dem Garten des
Todes zu brechen, sich dem materiellen Genuß zu verkaufen,
darin auch die Unmöglichkeit, die Misere des Lebens dauerd
über sich Herr werden zu lassen. In dieser Stimmung ver=
gißt Haydn am Klavier Hunger und Not; sie erhebt Spinoza
über die Armseligkeit seiner Umgebung zu jener „Stille der
Seele", deren zwingende Macht den jungen Goethe im Sturm
und Drang seiner Jugend so gewaltig ergriff; von ihr sprechen
die dürftigen, kahlen Zimmer des Schillerhauses in Weimar,
von denen aus ein todkranker Mann jene Macht des reinen
Lebens in die deutsche Geisteswelt hineintrug.

Aber nicht nur auf den Höhen des Lebens, auch in den
platten Niederungen, in denen jedes Dasein zeitweise verläuft,
soll und kann dieser Idealismus wirksam werden. Gerade
da, wo materielles Behagen herrscht, wo die Versumpfung in
Alltagstun und Alltagsgesprächen nicht durch den empor=
treibenden Druck äußerer und seelischer Ausnahmebedingungen

abgewendet wird, soll er zur lebengestaltenden Macht werden.
Er soll der Seele ihren Schwerpunkt wahren, soll sie fähig
machen, die Außenwelt ohne Verzerrung zu sehen und wieder=
zugeben wie der See, in dem „ihr Antlitz weiden alle Gestirne."
Nur so tragen wir der Geistesheimat Rechnung, aus der nach
einem schon aus den „Künstlern" bekannten dichterischen Lieb=
lingsgedanken Schillers die Seele zu dem „traurigen Sarko=
phage", dem Körper, herniederstieg.

Aber eben diese Zugehörigkeit zu zwei Welten macht es
dem Menschen unmöglich, in der einen dauernd zu weilen.
Das würde zu einer falschen Idealität führen, zu einer Art
von ästhetischer Schwelgerei, die sich zaghaft und tatlos vom
Leben zurückzieht. Auf solchem Grunde erwächst die Tra=
gödie Tassos, Hölderlins. Aus jenen Augenblicken gehobenen
Daseins soll uns vielmehr nur die Kraft erwachsen, die der
Kampf mit dem Leben, die Bewältigung des Stoffes erfordert;
das ist der Sinn der sechsten Strophe:

> Nicht vom Kampf die Glieder zu entstricken,
> Den Erschöpften zu erquicken,
> Wehet hier des Sieges duft'ger Kranz ꝛc.

In den folgenden vier Strophenpaaren wendet nun der
Dichter das hier nur allgemein Gesagte auf bestimmte Lebens=
gebiete an. Das stets wiederkehrende Wenn und Aber be=
zeichnet den Gegensatz, der zwischen dem Leben und dem Ideal
herrscht, zwischen der mühevollen, irdisch=unzulänglichen Tat
und der über sie erhebenden, sie verklärenden Betrachtung.
Das erste Strophenpaar führt uns ein; es zeigt uns Kampf
und Frieden, die Welt der Sachen und die Welt der Ideen
in ihrem Gegensatz.

> Wenn es gilt zu herrschen und zu schirmen,
> Kämpfer gegen Kämpfer stürmen
> Auf des Glückes, auf des Ruhmes Bahn,
> Da mag Kühnheit sich an Kraft zerschlagen
> Und mit krachendem Getös die Wagen
> Sich vermengen auf bestäubtem Plan.

Mut allein kann hier den Dank erringen,
Der am Ziel des Hippodromes winkt,
Nur der Starke wird das Schicksal zwingen,
Wenn der Schwächling untersinkt.

Aber der, von Klippen eingeschlossen,
Wild und schäumend sich ergossen,
Sanft und eben rinnt des Lebens Fluß
Durch der Schönheit stille Schattenlande,
Und auf seiner Wellen Silberrande
Malt Aurora sich und Hesperus.
Aufgelöst in zarter Wechselliebe,
In der Anmut freiem Bund vereint,
Ruhen hier die ausgesöhnten Triebe,
Und verschwunden ist der Feind.

Wohin wir im Leben den Blick richten, ist Kampf. Unser bloßes Dasein schon verkümmert anderen den Raum; jede Kraft, die nach Entfaltung ringt, jede Fähigkeit, die zur Geltung kommt, drängt andere zurück; in unabläſſigem Ringen strebt alles vorwärts. Und

Wo eines Platz nimmt, muß das andere rücken,
Wer nicht vertrieben sein will, muß vertreiben,
Da herrscht der Streit, und nur die Stärke siegt.

Nicht das ist des Dichters Meinung — es kann nicht oft genug wiederholt werden —, daß wir dem Kampf mit dem Leben schwächlich ausweichen sollen; das Ringen und Kämpfen mit Menschen und Verhältnissen ist notwendig, ist Lebensaufgabe; schon in dem Ausdruck: der Starke wird das Schicksal zwingen, wenn der Schwächling untersinkt, liegt eine Billigung. Im Wettkampf spannen sich alle Kräfte; nur was unvergängliche Lebenskraft hat, was wert ist zu leben, soll leben. Aber in diesem Ringen um das äußere Dasein, um Einfluß, um Erfolg soll der Mensch nicht untergehen; er soll sich dem Stoff, den falschen Mächten nicht verkaufen, denn

. . . keiner lebt, der aus ihrem Dienst
Die Seele hätte rein zurückgezogen.

Er soll immer wieder seine Seele vom Staube dieses
Daseins reinbaden, soll immer wieder sein Leben von höherer
Warte aus überschauen, damit nicht das Kleine und Kleinste
vor dem zu nahen Auge zu ungeheurer Größe emporwächst;
er soll immer wieder seine Ziele mit einem Maßstabe messen,
der nicht aus der Welt des Glückes und des äußeren Er=
folges geholt ist, soll sich in die Welt der Ideen versenken,
um dort, fern von allem, was ihn verlockte, sei es äußere
Macht, Besitz, Erfolg, sein besseres Selbst wiederzufinden.

Jn dem nächsten Strophenpaar wendet der Dichter seine
Anschauungen auf das Gebiet der Kunst an.

Wenn, das Tote bildend zu beseelen,
Mit dem Stoff sich zu vermählen,
Tatenvoll der Genius entbrennt,
Da, da spanne sich des Fleißes Nerve,
Und beharrlich ringend unterwerfe
Der Gedanke sich das Element.
Nur dem Ernst, den keine Mühe bleichet,
Rauscht der Wahrheit tief versteckter Born;
Nur des Meißels schwerem Schlag erweichet
Sich des Marmors sprödes Korn.

Aber bringt bis in der Schönheit Sphäre,
Und im Staube bleibt die Schwere
Mit dem Stoff, den sie beherrscht, zurück.
Nicht der Masse qualvoll abgerungen,
Schlank und leicht, wie aus dem Nichts gesprungen,
Steht das Bild vor dem entzückten Blick.
Alle Zweifel, alle Kämpfe schweigen
Jn des Sieges hoher Sicherheit;
Ausgestoßen hat es jeden Zeugen
Menschlicher Bedürftigkeit.

Die beiden Verse begegnen klar und deutlich einem Jrr=
tum, der sich leicht in die Auffassung von Schillers Reich des
Jdeals einschleicht. Es ist keineswegs ohne weiteres als
identisch mit dem Reich der Kunst zu fassen. Jm Gegenteil,

auch auf dem Gebiet der Kunst haben wir den Gegensatz von Ideal und Wirklichkeit, von Geist und Stoff.

In dem Augenblick, wo vor dem inneren Sinn des Künstlers die erste Idee seines Werkes emporsteigt, wo er die vollkommene Gestalt, in der sie ihm erscheint, mit Händen zu fassen meint, da lebt er ganz im Reiche des Ideals, und aus diesem Schauen muß ihm die schöpferische Kraft fließen zu der mühsamen Verkörperung im Reiche der Wirklichkeit. So steht nach der schönen alten Überlieferung die göttliche Gestalt des olympischen Zeus plötzlich vor Phidias' Blick, als ihn die Worte begeistern:

> Also sprach und winkte mit schwärzlichen Brauen Kronion,
> Und die ambrosischen Locken des Königs wallten ihm vorwärts
> Von dem unsterblichen Haupt; es erbebten die Höhn des Olympos.

So steigt in einer schlaflosen Nacht vor Klopstocks Auge die Gestalt des Messias empor. Aber zwischen diesem Moment der ersten Konzeption, der höchsten künstlerischen Spannung, und der Verkörperung des Geschauten in der Statue, im Gedicht liegt eine Zeit der mühevollsten Arbeit im Reiche der Wirklichkeit. Der Stoff widerstrebt der Form; immer wieder muß der Künstler sich in sich selbst versenken, vor seinem Blick jene Idealgestalt heraufbeschwören, nach der er bilden muß, und nur der Künstler, der zu dieser höchsten inneren Konzentration fähig ist, der stets wieder in das Reich des Ideals zurückkehrt, vermag schließlich etwas zu schaffen, das nun auch diesem Reich entsprungen scheint. Wie aber keiner die Idealgestalt verkörpern kann, der sie nicht immer wieder schaut, so auch keiner, der das Ringen mit dem Stoff scheut. Keiner, auch der größte nicht, ist von solchem Ringen mit dem irdischschweren Mittel losgesprochen; das halbe Genie ist der Fleiß, und „nur dem Ernst, den keine Mühe bleichet, rauscht der Wahrheit tiefversteckter Born." Von dieser Mühe darf freilich das vollendete Werk nichts verraten; es soll uns daraus die

9*

Idealgestalt selbst anschauen, die „schlank und leicht, wie aus dem Nichts gesprungen", vor dem inneren Sinn des Künstlers stand. Das echte Kunstwerk versetzt uns dahin, wo es zuerst entstanden, wo seines Schöpfers Seele so lange geweilt hat; aus der Venus schaut uns die Liebe, aus dem Zeus der Weltgebieter an, und aus den Augen des sixtinischen Kindes die Gottheit selbst.

So teilen wir mit dem Künstler das Schönste: die Versenkung in die Idee; er zieht für Momente unsere Seele nach in das Reich des Ideals, wo er Heimatsrecht hat. Und so berührt sich Schillers Auffassung von der Aufgabe der Kunst in ihrem innersten Kern mit dem, was die Modernen als ihr Wesen bezeichnen: „Poesie hat keinen andern Zweck als den, die großen Straßen, die vom Sichtbaren zum Unsichtbaren führen, offen zu halten."

Die nächste Antithese führt uns auf sittliches Gebiet.

> Wenn ihr in der Menschheit traur'ger Blöße
> Steht vor des Gesetzes Größe,
> Wenn dem Heiligen die Schuld sich naht,
> Da erblasse vor der Wahrheit Strahle
> Eure Tugend, vor dem Ideale
> Fliehe mutlos die beschämte Tat.
> Kein Erschaffner hat dies Ziel erflogen,
> Über diesen grauenvollen Schlund
> Trägt kein Nachen, keiner Brücke Bogen,
> Und kein Anker findet Grund.
>
> Aber flüchtet aus der Sinne Schranken
> In die Freiheit der Gedanken,
> Und die Furchterscheinung ist entfloh'n,
> Und der ew'ge Abgrund wird sich füllen;
> Nehmt die Gottheit auf in euren Willen,
> Und sie steigt von ihrem Weltenthron.
> Des Gesetzes strenge Fessel bindet
> Nur den Sklavensinn, der es verschmäht;
> Mit des Menschen Widerstand verschwindet
> Auch des Gottes Majestät.

Humboldts Auslegung dieser Strophen deckt sich mit dem
Wortlaut nicht ganz.¹) Er meint, der Dichter gebe darin
den Unterschied zwischen dem bloß moralisch und dem ästhetisch
gebildeten Menschen, in dessen Trieben Harmonie ist, der aus
freier Neigung das Gute tut. Aber auch von diesem gilt
das Wort

> Es erblasse vor der Wahrheit Strahle
> Eure Tugend, vor dem Ideale
> Fliehe mutlos die beschämte Tat,

und der Dichter selbst schließt durch den Ausspruch

> Kein Erschaffner hat dies Ziel erflogen,
> Über diesen grauenvollen Schlund
> Trägt kein Nachen, keiner Brücke Bogen,
> Und kein Anker findet Grund

die Auffassung aus, als ob irgend ein Mensch auf sittlichem
Gebiet Vollendetes leisten könne. Den Gegensatz zwischen dem
moralisch und dem ästhetisch ausgebildeten Menschen werden
wir zwar bei Betrachtung der zweiten Strophe auch, und
zwar in entscheidender Weise, geltend gemacht sehen: die Anti=
these zwischen beiden Strophen aber ist eine andere: der
Widerspruch zwischen Wollen und Vollbringen eines jeden
Menschen ist hier geschildert. Nie wird ein Mensch, und habe
er die feinste ästhetische Empfänglichkeit, und trage er die
heiligsten und reinsten sittlichen Ideale in sich, zu ihrer vollen
Verkörperung gelangen. Wie er auch streben mag, stets wird
sein Tun noch der „Schranken peinliches Gefühl" erwecken;
nicht eine Tat gibt es, die sittlich vollendet wäre. „Niemand
ist gut, denn der einige Gott." Was noch so rein gewollt
war, wird in der Ausführung menschliche Schwächen zeigen.
Da eben liegt der Gegensatz von Ideal und Wirklichkeit auf
sittlichem Gebiet. Wir wollen das Gute; in der gehobenen

¹) Wie schon Viehoff ganz richtig bemerkt hat.

Stimmung, in die uns ein guter Entschluß versetzt, scheint uns alles leicht; jede Mühe und Entbehrung wollen wir willig auf uns nehmen, und dieses Wollen, dieses Sehnen glauben wir voll in die Tat umsetzen zu können. In der Ausführung aber bleibt alles weit zurück hinter der Idee, die uns bewegte. Aber das darf uns nicht verzweifeln lassen; nicht die Gerechten preist die Bibel selig, sondern die da hungert und dürstet nach Gerechtigkeit, und Vollkommenheit nennt Goethe die Norm des Himmels, Vollkommenes wollen die Norm des Menschen. Zu diesem Wollen, dieser Neigung zum Guten — und jetzt erst kommt der Gegensatz, den Humboldt in den ganzen Strophen finden wollte, zur Geltung — hilft dem Menschen nun freilich sein Gefühl für das Schöne und Erhabene; der ästhetisch empfängliche Mensch hat hier den Vorzug vor dem bloß moralischen. Diesem steht der kategorische Imperativ gegenüber, die Majestät des Gesetzes; jener hat die Gottheit in seinen Willen[1]) aufgenommen. Das Gesetz steht nicht mehr als ein unerbittliches vor ihm; es liegt in der Richtung seines eigenen Willens. Kann er es dennoch

---

[1]) Die schöne Stelle: Nehmt die Gottheit auf in euren Willen, und sie steigt von ihrem Weltenthron, ist vielfach falsch, im Kantschen Sinne gedeutet worden; wie früher schon von Fichte, so auch von Späteren. Es ist das ein Irrtum, auf dessen Möglichkeit schon Humboldt hingewiesen hatte. Er meint (Brief an Schiller vom 21. August 1795): „Zwar sichert teils der Geist des ganzen Gedichts, teils die Stelle: „Nehmt die Gottheit usw.“ den sehr aufmerksamen Leser, nicht in ein Mißverständnis zu verfallen; aber, und dies sollte doch sein, er wird nicht genötigt, nur allein den rechten Sinn aufzufassen, er kann sich doch bei dieser Stelle noch immer bloß das denken, was Kant in seiner Sprache „einen guten, reinen Willen erlangen“ nennt, und was Sie doch hier nicht meinen.“ Schiller antwortet darauf (Brief vom 7. September 1795): „Das, was Sie an der Strophe vom Sittengesetz tadeln, ist gar nicht ohne Grund, wenigstens vergleichsweise mit den drei anderen Strophen läßt diese den Gedanken etwas zweideutig. Anfangs hieß es:

Aber laßt die Wirklichkeit zurücke
Reißt euch los vom Augenblicke 2c.

nicht ganz erfüllen, weil er ein Mensch ist, so liegt doch in dieser Liebe zum Gesetz die höchste Möglichkeit sittlichen Handelns beschlossen. Denn Schiller hat die antike Empfindung von der Einheit der geistigen Persönlichkeit, in der richtig erkennen und gut handeln untrennbar ist. „Laßt uns Vortrefflichkeit einsehen, so wird sie unser," läßt er seinen Julius sagen; „laßt uns vertraut werden mit der hohen idealischen Einheit, so werden wir uns mit Bruderliebe anschließen aneinander. Seid vollkommen wie euer Vater im Himmel vollkommen ist, sagt der Stifter unseres Glaubens. Die schwache Menschheit erblaßte bei diesem Gebote, darum erklärte er sich deutlicher: Liebet euch untereinander." In der Liebe zu den Menschen liegt die höchste Gewähr für die Erfüllung unserer Pflichten gegen sie; in der Liebe zum Gesetz seine Erfüllung. In dieser Liebe fühlen wir uns innerlich frei; hier sind wir im Reiche des Ideals.

Das Reich der Sittlichkeit als solches fällt also ebensowenig wie das Reich der Kunst unmittelbar mit dem Reich des Ideals zusammen. Wie in der Kunst, so unterscheiden wir auch auf sittlichem Gebiet Ideal und Leben, Wollen und Vollbringen. Das Wollen des sittlichen Menschen ist rein, weil es der warmen Liebe zum Guten entspringt; sein Tun kann nie völlig rein sein, so wenig wie der Künstler je ein Kunstwerk schaffen wird, das sich ganz mit seiner Idee deckt. Aber wie uns doch aus dem Kunstwerk die Idee anschaut, weil wir, soweit wir innerlich dem Künstler verwandt sind, aus dieser Verwandtschaft des Gefühls das Unzulängliche der Ausführung ergänzen, so läßt auch die Tat des sittlich Wollen=

Aber dieses fand ich zu prosaisch und auch nicht anschaulich genug. Mir däucht, daß die Freiheit der Gedanken doch weit mehr auf das Ästhetische als auf das rein Moralische hinweist. Dieses wird durch den Begriff rein und jenes durch den Begriff frei vorzugsweise bezeichnet." — Diese Stelle setzt es außer Zweifel, daß Schiller nicht einen Kantschen Gedanken, sondern einen ganz bewußten Gegensatz dazu in den beiden Versen geben wollte.

den ihren Ursprung aus dem Reiche des Ideals, die Liebe
zum Sittlichen durchfühlen, und damit ist sie das geworden,
was sie im Reiche der Wirklichkeit nur werden kann: sie trägt
bei aller Mangelhaftigkeit den Stempel sittlicher Freiheit.

Und wie der Künstler sich in der Anschauung des Ideals
stets wieder neue Begeisterung zu der mühsamen Verkörperung
im Reiche der Wirklichkeit holen muß, so suchen wir auch auf
sittlichem Gebiet stets wieder Kraft und Begeisterung für das
Gute, das sich nie völlig verkörpern lassen will, in der Anschauung des großen Menschheitsideals, dessen immer vollkommenere Ausprägung uns die Geschichte der Religionen
zeigt. —

So hat der Dichter gezeigt, wie im alltäglichen Leben,
im Reich der Kunst, auf sittlichem Gebiet die Wirklichkeit in
jene höhere Sphäre idealen Seins erhoben wird, wie aus dem
Reich des Ideals die lebendigen gestaltenden Kräfte in den
Stoff, der sich der Kunst oder dem Leben darbietet, hinein-
strömen, Kräfte, durch die wir den Stoff überwinden, ihn zum
Ausdruck des Ewigen in uns machen. Auf einem Gebiet
menschlichen Erlebens aber scheint diese Kraft der Verklärung
zu versagen, scheinen die Dissonanzen der harmonischen Lösung
zu spotten: in der Tiefe des menschlichen Leidens.

> Wenn der Menschheit Leiden euch umfangen,
> Wenn Laokoon der Schlangen
> Sich erwehrt mit namenlosem Schmerz,
> Da empöre sich der Mensch! Es schlage
> An des Himmels Wölbung seine Klage
> Und zerreiße euer fühlend Herz!
> Der Natur furchtbare Stimme siege,
> Und der Freude Wange werde bleich,
> Und der heilgen Sympathie erliege
> Das Unsterbliche in euch!

Wo grausames Leid in das Leben eingreift, ob es uns
trifft oder andere, ob es mit der Wucht eines tödlichen
Schlages ausholt, ob es uns nahetritt als stumpf getragenes

Gewohnheitselend ganzer Klassen, da ist die erste berechtigte
Reaktion unseres menschlichen Gefühls leidenschaftliche Klage,
tiefinnre Empörung. Da kann und darf der „reine Dämon"
in uns diesem menschlichen Gefühl erliegen. Nur wer Leid
in seiner ganzen Schwere zu fühlen und mitzufühlen vermag,
kann mitsprechen, wo es sich um seine innere Überwindung
handelt. Nichts vermag den Leidenden so zu empören als der
billige Rat des Lauen, Unberührten, ein schweres Schicksal
geduldig zu ertragen.

Und doch müssen wir auch hier für uns selbst und an=
dere einen Weg der Befreiung suchen und finden können.

> Aber in den heitern Regionen,
> Wo die reinen Formen wohnen,
> Rauscht des Jammers trüber Sturm nicht mehr.
> Hier darf Schmerz die Seele nicht durchschneiden,
> Keine Träne fließt hier mehr dem Leiden,
> Nur des Geistes tapfrer Gegenwehr.
> Lieblich wie der Iris Farbenfeuer
> Auf der Donnerwolke duft'gem Tau,
> Schimmert durch der Wehmut düstern Schleier
> Hier der Ruhe heitres Blau.

Der Gegensatz erscheint im ersten Augenblick unverständ=
lich, hart, unmöglich. Und dennoch liegt im Menschen die
Fähigkeit, dem Leid so zu begegnen. Dem einen stammt sie
aus bewußter Reflexion, die das seelische oder körperliche Leid
in Verbindung zu setzen vermag mit dem Ganzen des eignen
Lebens, die es hinabzudrücken vermag auf das Niveau, das
ihm zukommen darf, als ein Faktor, den man notgedrungen
in der eigenen Entwicklung mitsprechen lassen muß, dem man
aber das erste Wort nicht lassen will und darf. Dem andern
kommt die Kraft zur Überwindung aus der Tiefe der reli=
giösen Empfindung; ihm ist das Leid das Läuternde, das von
der Welt Lösende; ihm erwächst aus dem Ringen damit die
überirdische Kraft der Erhebnng, die uns so seltsam über=
raschend aus manchem Auge entgegenleuchtet, in so ergreifen=

dem Widerspruch mit dem, was wir selbst dem Leidenden
gegenüber empfinden. Und nicht selten scheint die Kraft, in
dem Hin und Her der menschlichen Leidenschaften die höchsten
sittlichen Werte als entscheidende zur Geltung zu bringen,
einzig dem Leiden vorbehalten.

Was so vom einzelnen gilt, das gilt auch von der Gesamtheit. Wo das Leid nicht stumpfsinnig getragen wird, wo
es als Einsatz für die Gestaltung des geistigen Lebens überhaupt in Betracht kommt, da bringt es die Innerlichkeit ins
Spiel, durch die allein es verwunden und einer aufsteigenden
Entwicklung dienstbar gemacht werden kann. So tritt es in
das Leben der Völker als „das große, gigantische Schicksal,
welches den Menschen erhebt, wenn es den Menschen zer-
malmt"; so erscheint es dem Historiker, der in der Geschichte
nicht ein zufälliges Spiel kleiner Ursachen und Wirkungen sieht,
sondern die Entfaltung von Ideen, als eine mächtige Trieb-
kraft. Sie löst Impulse aus und schafft sittliche Werte, die
die Zeiten ruhigen Dahinlebens nicht kennen, die neue Angel-
punkte bilden, um neue Welten zu heben.

Und aus diesem Gesichtswinkel sieht auch der Dichter das
Leid. In stiller Resignation spricht Hölderlin, dem seine letzte
Überwindung nicht gegeben war, doch vom „heiligen Leid",
das die Götter senden; in wehmütiger Ergebung klagt Leonore:
„Muß ich denn wieder diesen Schmerz als gut und heilsam
preisen?" In starken, leidenschaftlichen Naturen aber wird
der Kampf mit dem Schmerz zur Tragödie. Und umgekehrt
ist der eigentlichste, ja einzige Gegenstand der Tragödie der
Kampf des Menschen mit innerem oder äußerem Leid; ihr
Höhepunkt die Lösung des seelischen Konflikts, den es schafft.
Und der eigentliche Inhalt der Katharsis, ob sie mit der bewußten Technik der Alten dem Drama eingefügt wird, ob sie
aus der psychologischen Kunst der Neueren sich von selbst er-
gibt, ob der Held sich zähneknirschend als Spielball der himmlischen Mächte empfindet, die ihn schuldig machen und dann

der Pein überlassen, ob er mit der pathetischen Reue des Karl Moor sich der Verletzung der sittlichen Weltordnung bewußt wird, ist doch immer die Erhebung des Leids in einen höheren Zusammenhang. Und wie tief uns auch das Schicksal des tragischen Helden ergreifen möge:

> Keine Träne fließt da mehr dem Leiden,
> Nur des Geistes tapfrer Gegenwehr.

Das Schicksal des einzelnen ist in den sittlichen Werdeprozeß eingerückt, als der von dieser höheren Warte aus die Gesamt= entwicklung der Menschheit erscheint. Wir blicken auf die Wirklichkeit herab aus dem Reiche des Ideals.

Der Dichter verkörpert das Wesen dieses ewigen Kampfes und dieser Erhebung zum Schluß in einem großen Beispiel:

> Tief erniedrigt zu des Feigen Knechte,
> Ging in ewigem Gefechte
> Einst Alcid des Lebens schwere Bahn,
> Rang mit Hydern und umarmt' den Leuen,
> Stürzte sich, die Freunde zu befreien,
> Lebend in des Totenschiffers Kahn.
> Alle Plagen, alle Erdenlasten
> Wälzt der unversöhnten Göttin List
> Auf die will'gen Schultern des Verhaßten,
> Bis sein Lauf geendigt ist,
>
> Bis der Gott, des Irdischen entkleidet,
> Flammend sich vom Menschen scheidet
> Und des Äthers leichte Lüfte trinkt.
> Froh des neuen, ungewohnten Schwebens,
> Fließt er aufwärts, und des Erdenlebens
> Schweres Traumbild sinkt und sinkt und sinkt.
> Des Olympus Harmonien empfangen
> Den Verklärten in Kronions Saal,
> Und die Göttin mit den Rosenwangen
> Reicht ihm lächelnd den Pokal.

Hier ist die ganze Idee des Gedichts noch einmal ver= anschaulicht: aus allem Kampf, aller Not des Irdischen steht

uns in jedem Augenblick der Aufschwung frei in das Reich
des Ideals, das Reich der ewigen Jugend, aus dem wir alles,
was uns quält und ängstigt, im verklärten Lichte daliegen
sehen. In jedem Augenblick kann sich der Gott vom Menschen
scheiden, der Geist vom Stoff, und in der Höhe freier Betrachtung sich Kraft holen zur Wiederaufnahme des ewigen
Kampfes. In solchen Momenten erscheint uns das Irdische
klein und das Göttliche groß, und solche Momente haben wir
alle oder können sie doch haben, wenn wir ernsthaft danach
verlangen. Nie aber wird sich ein Mensch finden, der stets im
Reiche des Ideals weilt, den das Gemeine des Irdischen nie
berührt. Wir leben in einem steten Auf und Ab; auf einen
kurzen Augenblick da oben folgen lange Zeiten mühseligen
Wanderns hier unten; die Woche hat einen Sonntag und
sechs Werktage. Und doch erscheint die Darstellung eines
solchen idealen Menschen und einer stets idealen Stimmung
als die notwendige Konsequenz alles Bisherigen, und der
Dichter hat sie auch gezogen. Schon in den ästhetischen Briefen
schildert er uns das Reich des schönen Scheins, in dem nichts
Stoffliches mehr ist; schon da scheint es sich uns unter den
Händen zu verflüchtigen. Aber auch dichterisch wollte er dies
Reich des Ideals noch schildern, ohne jede Beziehung auf die
Erde, auf das Hinauf und Herab, in dem sich die jetzige
Menschheit bewegt; wir wissen von diesem Plan aus einem
Brief an Humboldt.

Am 30. Nov. 1795 schreibt er ihm:

> Mit der Elegie (bekanntlich die frühere Überschrift des Spazierganges)
> verglichen, ist das Reich der Schatten bloß ein Lehrgedicht; wäre der Inhalt
> des letztern so poetisch ausgeführt worden, wie der Inhalt der Elegie, so wäre
> es in gewissem Sinn ein Maximum gewesen.

> Sehen Sie, lieber Freund, und das will ich versuchen, sobald ich Muße
> bekomme, an den Almanach des nächsten Jahres zu denken. Ich will eine
> Idylle schreiben, wie ich hier eine Elegie schrieb. Alle meine poetischen
> Kräfte spannen sich zu dieser Energie noch an: das Ideal der Schönheit
> objektiv zu individualisieren und daraus eine Idylle in meinem Sinne zu

bilden.¹) .... Ich habe ernſtlich im Sinne, da fortzufahren, wo das Reich der Schatten aufhört, aber darſtellend und nicht lehrend. Herkules iſt in den Olymp eingetreten, hier endigt letzteres Gedicht.

Die Vermählung des Herkules mit der Hebe würde der Inhalt meiner Idylle ſein. Über dieſen Stoff hinaus gibt es keinen mehr für den Poeten, denn dieſer darf die menſchliche Natur nicht verlaſſen, und eben von dieſem Übertritt des Menſchen in den Gott würde dieſe Idylle handeln. Die Hauptfiguren wären zwar ſchon Götter, aber durch Herkules kann ich ſie noch an die Menſchheit anknüpfen und eine Bewegung in das Gemälde bringen. ... Der Stoff dieſer Idylle iſt das Ideal. ...

Denken Sie ſich aber den Genuß, lieber Freund, in einer poetiſchen Darſtellung alles Sterbliche ausgelöſcht, lauter Licht, lauter Freiheit, lauter Vermögen — keinen Schatten, keine Schranke, nichts von dem allem mehr zu ſehen. — Mir ſchwindelt ordentlich, wenn ich an dieſe Aufgabe, wenn ich an die Möglichkeit ihrer Auflöſung denke. Eine Szene im Olymp darzuſtellen, welcher höchſte aller Genüſſe! Ich verzweifle nicht ganz daran, wenn mein Gemüt nur erſt ganz frei und von allem Unrat der Wirklichkeit recht rein gewaſchen iſt; ich nehme dann meine ganze Kraft und den ganzen ätheriſchen Teil meiner Natur noch auf einmal zuſammen, wenn er auch bei dieſer Gelegenheit rein ſollte aufgebraucht werden. Fragen Sie mich aber nach nichts. Ich habe bloß noch ganz ſchwankende Bilder davon, und nur hier und da einzelne Züge. Ein langes Studieren und Streben muß mich erſt lehren, ob etwas Feſtes, Plaſtiſches daraus werden kann.“

„Sehr begreiflich und kaum zu beklagen,“ meint Hettner, „daß dieſe Dichtung nur ein ſchöner Traum geblieben. Das dichteriſche Feingefühl warnte, die Grenzen des Darſtellbaren zu überſchreiten.“ Schiller meint zwar ſich hier noch innerhalb der menſchlichen Natur halten zu können; das iſt ein Irrtum, und die Nichtausführung ſeiner Abſicht läßt vermuten, daß er dieſen Irrtum ſelbſt erkannte. Ein Menſch, der ganz im Reiche des Ideals lebt, iſt eben nicht mehr Menſch, er iſt Gott; es fällt das fort, was uns am Menſchen intereſſiert, der Kampf, das Streben. Eben der Wechſel zwiſchen Ideal und Leben, das Hinauf und Herab, entſpricht unſerer Natur; für den, der ſtets oben weilt, für den Gott,

---

¹) Siehe: „Über naive und ſentimentale Dichtung“: Idylle.

haben wir Ehrfurcht und Anbetung, aber nicht warme menschliche Sympathie. Auch der Gedanke, mit dem der Dichter den Herkules an die Menschheit noch anknüpfen will, und der in dem Epigramm ausgedrückt liegt:

Nicht aus meinem Nektar hast du dir Gottheit getrunken,
Deine Götterkraft war's, die dir den Nektar errang —

auch dieser Gedanke, so schön er aus dem Munde des Zeus erklingt, hätte nicht genügt, die Bewegung in das ganze Gemälde zu bringen, die der Dichter selbst als notwendig erkennt. Die Hauptsache ist ihm doch nach seinem eignen Ausdruck, daß in der Darstellung alles Sterbliche ausgelöscht, lauter Licht, lauter Freiheit, lauter Vermögen sei, — kein Schatten, keine Schranke; eben das ist aber nicht mehr menschlich. Zur Gottheit, zu immerwährendem Verweilen im Reiche des Ideals gelangt der Mensch nie; nie geht Wollen und Vollbringen ohne Bruch ineinander auf. „Die Anlage zur Gottheit trägt die Menschheit unwidersprechlich in sich," sagt Schiller in den ästhetischen Briefen; vom Wege zur Gottheit meint er selbst, daß er niemals zum Ziel führe. Und so wäre denn Herkules im Olymp keine Darstellung reinen Menschentums mehr gewesen. Vielleicht hat das Bild selbst den Dichter irre geführt. Das einmalige Emporschweben des Herkules zum Olymp ist als Bild gebraucht für das sich stets wiederholende Aufschwingen des Menschen in das Reich des Ideals. Herkules bleibt oben, der Mensch aber muß immer wieder zur Erde herab. Herkules ist mit der Hebe auf ewig vermählt; der Mensch fühlt die Leichtigkeit und Freiheit ewiger Jugend nur in den kurzen Augenblicken, die er im Reiche der Formen verweilt; für Herkules versinkt das schwere Traumbild des Erdenlebens auf immer; uns allen wird es nur für Augenblicke von der Seele genommen, aber die Augenblicke, die wir so wirklich gelebt haben, geben uns Kraft, das Leben immer wieder leben zu wollen.